Conteúdo digital exclusivo!

Cadastre-se e transforme seus estudos em uma experiência única de aprendizado!

Acesse agora

Portal:
www.editoradobrasil.com.br/crescer

Código de aluno:
1285560A2046774

CB042183

Lembre-se de que esse código é pessoal e intransferível. Guarde-o com cuidado, pois é a única forma de você utilizar os conteúdos do portal.

Márcia Hipólide • Mirian Gaspar

CRESCER
História

Dados Internacionais de Catalogação na Publicação (CIP)
(Câmara Brasileira do Livro, SP, Brasil)

Hipólide, Márcia
  Crescer história, 4º ano / Márcia Hipólide, Mirian Gaspar. – 1. ed. – São Paulo: Editora do Brasil, 2018. – (Coleção crescer)

  Bibliografia.
  ISBN 978-85-10-06867-3 (aluno)
  ISBN 978-85-10-06868-0 (professor)

  1. História (Ensino fundamental) I. Gaspar, Mirian. II. Título. III. Série.

18-16353   CDD-372.89

Índices para catálogo sistemático:
1. História: Ensino fundamental 372.89
Maria Alice Ferreira – Bibliotecária – CRB-8/7964

1ª edição, 1ª impressão, 2018
Impresso no Parque Gráfico da Editora FTD

Rua Conselheiro Nébias, 887
São Paulo, SP – CEP 01203-001
Fone: +55 11 3226-0211
www.editoradobrasil.com.br

Respeite o direito autoral

© Editora do Brasil S.A., 2018
Todos os direitos reservados

Direção-geral: Vicente Tortamano Avanso

Direção editorial: Felipe Ramos Poletti
Gerência editorial: Erika Caldin
Coordenação de arte: Cida Alves
Supervisão de revisão: Dora Helena Feres
Supervisão de iconografia: Léo Burgos
Supervisão de digital: Ethel Shuña Queiroz
Supervisão de controle de processos editoriais: Marta Dias Portero
Supervisão de direitos autorais: Marilisa Bertolone Mendes

Supervisão editorial: Priscilla Cerencio
Assistência editorial: Rogério Cantelli
Coordenação de revisão: Otacilio Palareti
Copidesque: Gisélia Costa e Ricardo Liberal
Revisão: Alexandra Resende, Andréia Andrade, Elaine Cristina da Silva e Maria Alice Gonçalves
Pesquisa iconográfica: Priscila Ferraz e Odete Ernestina
Assistência de arte: Samira Souza
Design gráfico: Andrea Melo
Capa: Megalo Design e Patrícia Lino
Imagem de capa: Eber Evangelista
Ilustrações: André Toma, Carlos Caminha, Hugo Araújo, Milton Rodrigues, Paula Haydee Radi, Rodval Matias e Ronaldo Barata
Produção cartográfica: DAE (Departamento de Arte e Editoração), Sonia Vaz
Coordenação de editoração eletrônica: Abdonildo José de Lima Santos
Editoração eletrônica: Nelson/Formato Comunicação
Licenciamentos de textos: Cinthya Utiyama, Paula Harue e Renata Garbellini
Controle de processos editoriais: Bruna Alves, Carlos Nunes, Jefferson Galdino, Rafael Machado e Stephanie Paparella

Querido aluno,

Este livro foi feito para você!

Ele vai ajudá-lo a perceber o quanto você já sabe de sua história e da história de muitas outras pessoas.

É também um convite para que você descubra temas da História do Brasil e do mundo e depois pense e converse a respeito deles. Você entenderá por que os seres humanos se deslocam, conhecerá as primeiras atividades humanas, as comunidades agrícolas em diferentes tempos, as primeiras cidades e a relação do ser humano com o comércio, as cidades e o tempo. Você refletirá sobre aspectos atuais ligados à informação, ao conhecimento e à cultura, além de compreender o desenvolvimento das fábricas e indústrias.

E ainda saberá como a escrita e outras formas de comunicação se desenvolveram em diferentes tempos e descobrirá o que motivou e continua motivando os seres humanos a deslocarem-se de um lugar para outro.

Acreditamos que, por meio desta obra, contribuímos para que você se desenvolva como um cidadão cada vez mais participativo na construção de uma sociedade justa e igual para todos – especialmente para as crianças!

As autoras

Sumário

Unidade 1
Por que os humanos se deslocam? 7
Os deslocamentos humanos........... 8
Em busca de alimento..................... 10
Chegando à América....................... 12
   Leio e compreendo – Nossos primeiros antepassados 14
À procura de novas terras e riquezas..................................... 16
Trazidos à força................................ 18
   Isto é documento – A mídia como fonte histórica 20
   Giramundo – Navegar para conhecer............................ 22
Retomada................................. 24
Periscópio 26

Unidade 2
As migrações e o Brasil... 27
O que é migrar?................................ 28
Migração interna.............................. 30
De outros países para o Brasil...... 32
A imigração e o café 34
   Isto é documento – A agricultura e o desmatamento de florestas........ 36
   Leio e compreendo – Conhecer os imigrantes, aprender e conviver com eles...38
   Giramundo – Diversas linguagens .. 40
   Construir um mundo melhor – Receber quem quer conhecer nosso país 42
Retomada.................................. 44
Periscópio 46

Unidade 3
As primeiras atividades humanas 47
As atividades humanas atuais...... 48
Lá na África.. 52
O cotidiano das comunidades do Paleolítico 55
   Leio e compreendo – Coletores nos dias atuais................................58
   Giramundo – Os sítios arqueológicos.................................. 60
Retomada.................................. 62
Periscópio 64

Unidade 4
As comunidades agrícolas em diferentes tempos... 65

A importância da agricultura........ 66
Diferentes tempos e técnicas 67
As comunidades agrícolas do Neolítico................................. 68
O Rio Nilo e a agricultura no Egito Antigo............................ 70
O milho e a mandioca de cada dia 72
Agricultura e escravidão 76
Do passado para o presente 78
　Giramundo – Ainda há fome 80
Retomada................................. 82
Periscópio 84

Unidade 5
O comércio e as primeiras cidades 85

Mudanças e permanências 86
As mudanças nas primeiras comunidades agrícolas 88
As primeiras cidades 90
O comércio.......................................92
　Isto é documento – O papel-moeda..95
　Giramundo – Rotas comerciais......... 96
　Construir um mundo melhor – Consumo e cidadania.....................98
Retomada............................... 100
Periscópio 102

Unidade 6
As cidades e o tempo 103

As cidades hoje..............................104
Os modos de vida nas cidades...108
Lazer nas cidades...........................110
　Leio e compreendo – A construção de uma cidade 114
　Giramundo – Desafios urbanos......... 116
Retomada..................................118
Periscópio 120

Unidade 7
Informação, conhecimento e cultura.......................... 121

A importância da comunicação.. 122
As primeiras formas de comunicação humana 124
A linguagem escrita 124
A invenção da imprensa 126
Os meios de comunicação 127
Leio e compreendo – A invenção do cinema.. 131
Giramundo – As linguagens da Arte 134
Retomada................................. 136
Periscópio 138

Unidade 8
Fábricas e indústrias 139

A indústria em seu cotidiano 140
O que é indústria? 141
Entre o artesanato e a indústria ... 146
As primeiras indústrias 148
Os operários 150
O dia a dia nas fábricas 152
Giramundo – Retratos do trabalho infantil 154
Retomada................................. 156
Periscópio 158

Referências 159

UNIDADE 1

Por que os humanos se deslocam?

Observe as imagens a seguir.

1. Qual é a resposta para a pergunta que é o título da unidade?

◆ Os deslocamentos humanos

Os deslocamentos dos seres humanos por grandes ou pequenos percursos ocorrem há muito tempo e por vários motivos.

Atualmente, as pessoas vão de uma cidade a outra, de um país a outro ou mesmo de um continente a outro para trabalhar, estudar, aproveitar as férias, entre outros motivos.

Elas se deslocam por rodovias, ferrovias, aerovias (espaço aéreo) e hidrovias (fluviais e marítimas). Há pessoas que precisam se deslocar por motivos como guerras, desastres ambientais etc.

Observe as imagens e leia as legendas.

Família em aeroporto durante viagem de férias. Estocolmo, Suécia.

Crianças caminham até ônibus para passeio escolar. Kanagawa, Japão.

Moradores deixam suas casas após deslizamento de terra. Blumenau, Santa Catarina.

Famílias fogem dos conflitos na Síria em direção a Sanliurfa, Turquia.

8

1. Que motivos levaram as pessoas retratadas nas fotografias da página anterior a se deslocar?

- Imagem 1: _____

- Imagem 2: _____

- Imagem 3: _____

- Imagem 4: _____

2. Reúna-se com um colega e, com a ajuda do professor, pesquisem em jornais, revistas e na internet a quantidade aproximada de pessoas que se deslocaram no ano anterior pelos motivos retratados na imagem 4. Registrem o que vocês descobriram.

_____

_____

_____

3. Você já precisou se deslocar por algum dos motivos retratados nas imagens? Se sim, conte aos colegas e ao professor como foi sua experiência.

4. Nas áreas urbanas, os aeroportos, as rodovias, os portos e as estações de trem são construções preparadas especificamente para a chegada e a saída de pessoas e mercadorias. Na área urbana de seu município há algumas dessas construções? Se sim, quais?

_____

_____

_____

5. Você conhece pessoas ligadas à sua família ou da sua comunidade que se deslocaram de outros lugares para viver em seu município? Se sim, converse com elas e descubra que elementos da cultura do lugar de onde vieram já fazem parte da comunidade em que você vive. Registre no caderno o nome das pessoas, o lugar de onde vieram e os elementos da cultura delas que contribuíram para a formação da cultura local.

Em busca de alimento

Arqueólogos, geógrafos, historiadores e outros estudiosos de diferentes países estudam há séculos as primeiras comunidades humanas que viveram na África há cerca de 3 milhões de anos.

> **Arqueologia** é a área do conhecimento que estuda vestígios materiais deixados pelos seres humanos e é base para o estudo dos povos antigos e atuais.

As primeiras comunidades humanas eram **nômades**, deslocando-se de um lugar para outro em busca de alimentos extraídos da natureza.

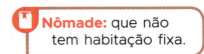

Nômade: que não tem habitação fixa.

Em seus estudos, os pesquisadores descobriram que as mudanças climáticas ocorridas no período em que essas comunidades viveram também foram responsáveis pelos deslocamentos.

Observe no mapa a seguir o resultado de algumas dessas pesquisas, que podem ser encontradas em livros e em *sites*.

Deslocamento humano no Paleolítico

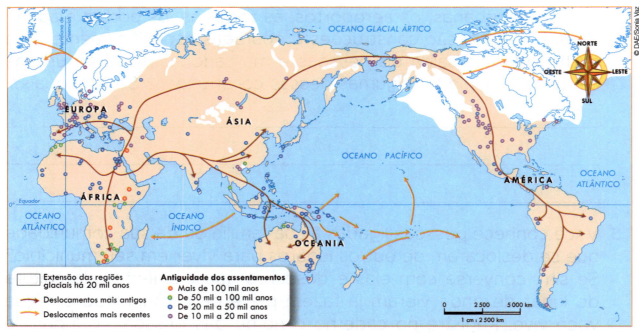

Fonte: Georges Duby. *Atlas histórico mundial*. 3. ed. Barcelona: Larousse Editorial, 2011. p. 14-15.

10

1. Quais foram os principais motivos que levaram as primeiras comunidades humanas a se deslocar?

_____

_____

2. De acordo com o mapa da página anterior, marque a resposta correta.

a) Os deslocamentos das primeiras comunidades humanas ocorreram:

☐ em curto espaço de tempo.

☐ em longo espaço de tempo.

b) Todos os continentes foram ocupados ao mesmo tempo?

☐ Sim. ☐ Não.

c) As primeiras comunidades humanas ocuparam outros continentes:

☐ apenas por terra.

☐ caminhando por terra e atravessando rios e mares.

d) É possível afirmar que:

☐ os deslocamentos recentes vão em direção à África.

☐ as primeiras comunidades humanas viviam na África.

☐ houve ocupação das regiões extremas do mapa há 10 mil anos.

3. Localize no mapa a América e a Oceania. Depois compare a ocupação dessas duas regiões e registre as diferenças que você encontrou.

_____

_____

_____

_____

_____

_____

Chegando à América

O Brasil se localiza no continente americano.

Você já imaginou como eram as primeiras comunidades que chegaram à América? Como essas comunidades viviam? De que forma chegaram ao continente? Quando chegaram?

Uma das principais pesquisas sobre a ocupação da América é chamada de **teoria** de Clóvis, desenvolvida entre 1936 e 1937. Com base na análise de **artefatos** encontrados em um sítio arqueológico no estado do Novo México (Estados Unidos), essa teoria afirma que os primeiros grupos humanos saíram do continente africano e chegaram à América a pé, atravessando o Estreito de Bering, há cerca de 13 mil anos.

Durante o século XX, muitas pesquisas foram realizadas; ao longo do século XXI, novos estudos têm sido feitos em todo o continente americano. Atualmente, a maioria dos pesquisadores trabalha com base na possibilidade de que os primeiros grupos humanos tenham chegado à América entre aproximadamente 15 mil e 11 mil anos atrás. Outros pesquisadores consideram que eles podem ter chegado ao continente há cerca de 50 mil anos.

> **Artefato:** objeto que foi alterado por meio de ação humana.
> **Teoria:** conjunto de ideias e conhecimentos que explicam um acontecimento.

Povoamento da América

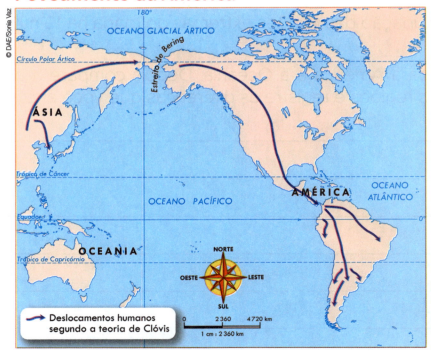

Fonte: Claudio Vicentino. *Atlas histórico: geral e Brasil.* São Paulo: Scipione, 2011. p. 20-21.

12

Para saber mais

Quem é Luzia?

Descobertas arqueológicas contribuem para formar novas teorias sobre a ocupação da América. Uma dessas descobertas foi o crânio de Luzia.

Esse crânio, encontrado em Lagoa Santa, Minas Gerais, foi bastante estudado. Em suas análises, os pesquisadores descobriram que ele pertencia a uma mulher de aproximadamente 20 anos, 1,50 m de altura e que, provavelmente, alimentava-se de frutos, raízes e folhas.

Ao reconstruir o rosto de Luzia, os pesquisadores perceberam que ele era mais parecido com o rosto dos povos que habitavam a África e a Oceania do que com o dos povos asiáticos.

Fotografia do crânio (acima) e da reconstrução do rosto (ao lado) de Luzia em exposição no Museu Nacional. Rio de Janeiro, Rio de Janeiro.

1. Explique o que é a teoria de Clóvis.

_____
_____
_____

2. Relacione os hábitos alimentares de Luzia aos hábitos das primeiras comunidades que viveram na África.

_____
_____
_____

3. Em sua opinião, por que pesquisas indicam diferentes datas de ocupação do continente americano? Converse com os colegas e o professor.

13

Leio e compreendo

Nossos primeiros antepassados

O Parque Nacional da Serra da Capivara, localizado em São Raimundo Nonato, no estado do Piauí, tem informações importantes sobre as primeiras comunidades humanas que ocuparam o território que hoje é o Brasil.

Leia o texto a seguir.

[...] a riqueza da Serra da Capivara vai além de sua flora e fauna: a região se destaca por sua grande importância histórica. O parque abriga mais de mil sítios arqueológicos, locais onde estão preservados vestígios de povos que viveram há milhares de anos. Além de esqueletos humanos, também são encontrados nesses sítios uma grande diversidade de objetos como adornos, pontas de flechas, cerâmicas, machadinhas, entre outros.

[...]

A arqueóloga Nièdé Guidon em sítio arqueológico no Parque Nacional da Serra da Capivara. Coronel José Dias, Piauí, 2005.

Pintura rupestre no Parque Nacional da Serra da Capivara. São Raimundo Nonato, Piauí, 2015.

[...] Para alegria dos arqueólogos, os povos antigos registraram parte de seu cotidiano em figuras pintadas nas paredes de pedra da Serra da Capivara.

[...] As figuras registram cenas como danças, rituais religiosos e grandes caçadas. Também há muitos desenhos de animais, sendo possível reconhecer até espécies que já foram extintas, como preguiças-gigantes [...].

[...]

Vinicius São Pedro. Natureza e história de mãos dadas. *Ciência Hoje das Crianças*, 29 jul. 2015. Disponível em: <http://chc.org.br/natureza-e-historia-de-maos-dadas>. Acesso em: 2 maio 2018.

1. O que há no Parque Nacional da Serra da Capivara?

_____

_____

2. Circule no texto as atividades realizadas pelos povos antigos registradas nas pinturas rupestres.

3. Qual animal retratado nas pinturas do Parque Nacional da Serra da Capivara não existe nos dias atuais?

☐ Preguiça-gigante.　　　☐ Coruja.

☐ Tartaruga.　　　☐ Lagartixa.

4. Por que o Parque Nacional da Serra da Capivara é importante para estudar História?

_____

_____

_____

_____

5. Podemos afirmar que as comunidades que viveram nesses sítios são os antepassados dos povos indígenas brasileiros?

☐ Sim.　　　☐ Não.

À procura de novas terras e riquezas

Em diferentes momentos da história, as pessoas se deslocaram com objetivos diversos.

No século XV, por exemplo, os portugueses iniciaram diversas viagens marítimas em busca, principalmente, de novas terras, alimentos e riquezas. Partindo da Europa, chegaram a lugares que até então desconheciam.

A localização geográfica de Portugal, o aperfeiçoamento de técnicas de navegação de longo curso e a falta de terras cultiváveis foram alguns dos fatores que motivaram as viagens marítimas portuguesas a terras distantes e impulsionaram grandes expedições.

Outros fatores importantes foram a busca de caminhos alternativos que levassem ao Oriente, região fornecedora de seda e especiarias negociadas a altos preços na Europa, além da conquista de novas terras e a busca por riquezas.

Em 1500, eles desembarcaram nas terras onde hoje é o Brasil. Assim que chegaram, estabeleceram contato com as populações indígenas que habitavam o território e fizeram algumas viagens de reconhecimento pelo litoral.

Viagens marítimas portuguesas (1487-1513)

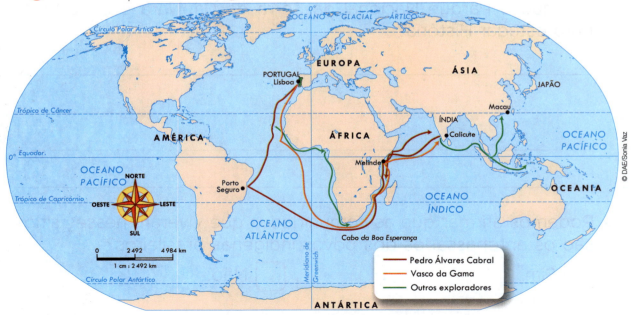

Fonte: Claudio Vicentino. *Atlas histórico: geral e Brasil.* São Paulo: Scipione, 2011. p. 90.

Fundaram algumas **feitorias** no litoral, onde carregavam as naus principalmente com **pau-brasil**, que trocavam por instrumentos até então desconhecidos pelos indígenas, como machados e facas de metal e espelhos. Esse tipo de comércio é chamado de **escambo**.

> **Escambo:** troca.
> **Feitoria:** local onde se guardavam mercadorias.
> **Pau-brasil:** madeira avermelhada muito valorizada na Europa desse período.

As riquezas extraídas das terras conquistadas pelos portugueses eram várias: madeira, ouro, marfim, fumo. Havia também as chamadas especiarias: pimenta-do-reino, noz-moscada, cravo-da-índia e canela.

Esses produtos eram muito consumidos em diferentes regiões da Europa, por isso sua comercialização era bastante lucrativa para os portugueses.

Pimenta-do-reino.

Noz-moscada.

Canela em pau e em pó.

Cravo-da-índia.

1. Quais eram os principais objetivos das navegações para os portugueses?

_____

_____

2. Quais foram os principais impactos causados pela chegada dos portugueses às terras que hoje correspondem ao Brasil?

_____

_____

3. Mostre as imagens que retratam as chamadas especiarias a um familiar e pergunte a ele se utiliza esses produtos em alguma circunstância. Compartilhe a resposta com os colegas e o professor.

Trazidos à força

Outro deslocamento importante aconteceu a partir de 1540, quando o Brasil passou a receber, além dos europeus que continuavam migrando para cá, diversos africanos. No entanto, o deslocamento dos africanos não foi uma decisão deles – pelo contrário, foram trazidos à força.

Entre os séculos XVI e XIX, mais de 3 milhões de africanos embarcaram em diferentes regiões da África e cruzaram o Oceano Atlântico até o Brasil nos chamados navios negreiros.

> Denominam-se **navios negreiros** as embarcações que eram usadas para transportar pessoas escravizadas nascidas na África.

Diferentes povos africanos, principalmente bantos e sudaneses, foram forçados a deixar suas terras para serem vendidos como escravos em cidades como Recife, Salvador e Rio de Janeiro.

Essas pessoas trabalhavam em diferentes tarefas relacionadas à agricultura, aos serviços domésticos e também nas minas de ouro descobertas na década de 1690 na atual região de Minas Gerais.

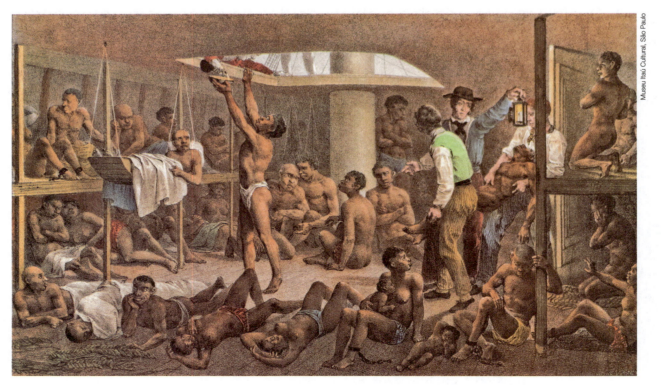

Johann Moritz Rugendas. *Navio negreiro*, 1830. Gravura, 51,3 cm × 35,5 cm.

Como ocorria a escravidão

Entre os séculos XV e XIX, os portugueses conquistaram territórios e exploraram as riquezas de algumas regiões do continente africano. Além dos produtos explorados, eles negociavam com os comerciantes no litoral africano, onde trocavam, principalmente, armas, tecidos e cavalos por seres humanos.

Mercado de escravos no Rio, comerciante de Minas Gerais barganhando, 1826. Gravura. In: A.P.D.G. *Sketches of Portuguese life*. Londres: Geo B. Whitaker, 1826.

Capturados em suas aldeias por grupos rivais, negociados com os portugueses, transportados para o Brasil, vendidos como mercadorias nos mercados de escravos, os africanos eram obrigados a trabalhar exaustivamente nas propriedades de quem os comprava. A compra e a venda de africanos tornaram-se um **negócio** lucrativo, conhecido como tráfico de escravos.

Negócio: comércio, compra e venda de produtos.

Em razão do lucro obtido, os colonizadores portugueses optaram pelo sistema de trabalho escravo no Brasil. A maior parte dos escravos trabalhava em grandes fazendas agrícolas produtoras de um único cultivo: a cana-de-açúcar. Os escravos viviam em péssimas condições e não recebiam remuneração por seu trabalho.

1. Explique a diferença entre os deslocamentos das primeiras comunidades humanas, os dos navegadores portugueses e os dos africanos em direção ao Brasil.

_____
_____
_____
_____
_____

Isto é documento

A mídia como fonte histórica

A mídia é um conjunto de meios de comunicação, entre eles rádio, televisão, jornais, revistas, cinema, internet etc. Esses meios veiculam e publicam notícias, filmes, músicas, programas e informações que podem ser consideradas importantes fontes históricas.

Um exemplo de informação divulgada pelos meios de comunicação que se transformou em fonte histórica foi o desastre ambiental ocorrido na região de Bento Rodrigues, localizada no município de Mariana, estado de Minas Gerais.

Em 5 de novembro de 2015, a mídia noticiou um dos maiores desastres ambientais da história do Brasil. A causa da tragédia foi o rompimento da barragem do Fundão, cujo terreno pertencia a uma empresa exploradora de minério de ferro.

Notícias e, principalmente, imagens registraram os motivos do desastre e suas consequências humanas e ambientais. A barragem, que continha materiais resultantes da mineração de ferro, rompeu-se e muita lama se espalhou rapidamente, atingindo o Rio Doce, plantas, animais e diversas construções.

Com suas moradias cobertas pela lama, muitos moradores da região perderam tudo: casa, trabalho, documentos pessoais, roupas, brinquedos, material escolar, fotografias e outros objetos que registravam as histórias de família. Por causa dos danos causados pelo desastre, muitas famílias precisaram deslocar-se para outros municípios e reconstruir a vida.

Diversas reportagens, veiculadas por canais de televisão do Brasil e de vários países do mundo, noticiaram, além do desastre, o trabalho realizado por biólogos e mergulhadores que resgataram do Rio Doce algumas espécies de peixes vivos e as transportaram para aquários com o objetivo de preservá-las.

Essas fontes são fundamentais para que as próximas gerações compreendam a importância de preservar a natureza.

A imagem 1 retrata a região de Bento Rodrigues antes do rompimento das barragens. A imagem 2 retrata a mesma região após o rompimento das barragens. Mariana, Minas Gerais, 2015.

As imagens 3 e 4 retratam carros, casas e comércios destruídos após rompimento das barragens. Mariana, Minas Gerais, 2015.

1. Grife no texto o trecho que cita o motivo do desastre.

2. Que mudanças na paisagem você observa da imagem 1 para a 2?

_____

_____

3. Quais dos elementos retratados nas imagens 3 e 4 indicam que o acontecimento pode ser considerado um desastre? Converse com os colegas e o professor.

21

Giramundo

Navegar para conhecer

Navegando, os portugueses conheceram diversas partes do mundo. Assim chegaram às terras que vieram a ser o Brasil, entre outros locais.

Atualmente, as pessoas podem conhecer diferentes lugares do mundo viajando de avião ou de navio entre um continente e outro. Entretanto, também é possível obter informações e ver fotografias de locais distantes navegando na internet ou lendo publicações sobre essas regiões.

É possível navegar sem estar no mar ou dentro de um barco. Você sabe como? Pela internet! Navegar nas informações que a internet disponibiliza também é uma forma de conhecer diferentes países, conversar com pessoas em variados lugares do mundo e descobrir informações incríveis!

Para a atividade a seguir, você e os colegas necessitam de um computador com acesso à internet. Se não for possível, usem jornais, livros e revistas.

Estudantes navegam pela internet em sala de informática na escola. Sumaré, São Paulo.

Siga os passos.

1. Reúna-se com dois colegas para formar um grupo.
2. Entrem em alguns *sites* sobre a África para conhecer melhor o continente.
3. Escolham um dos países africanos e descubram quais são suas principais cidades, os pontos turísticos mais famosos, museus, parques e riquezas da região. Além disso, descubram como a população vive; que língua fala; quais são as comidas típicas etc.
4. Registrem no caderno todas as informações que considerarem importantes.
5. Façam o mesmo procedimento para pesquisar informações sobre Portugal. Selecionem a cidade de Lisboa e descubram dados importantes sobre o porto, as ruas, as bibliotecas, os museus. Descubram como é composta a população; quais são as comidas típicas etc.
6. Confeccionem um cartaz com as principais informações obtidas sobre os países pesquisados e incluam fotografias ou desenhos para ilustrar o trabalho.

No dia marcado pelo professor, seu grupo deve apresentar a pesquisa aos colegas.

No espaço a seguir, desenhe os aspectos da pesquisa que mais chamaram sua atenção.

Retomada

1. Compare a maneira de se deslocar dos primeiros grupos humanos com o modo pelo qual as pessoas se deslocam atualmente.

_____
_____
_____
_____
_____

2. Observe o mapa a seguir. Depois escreva **V** nas afirmativas verdadeiras e **F** nas falsas.

Tráfico de escravos (1501-1867)

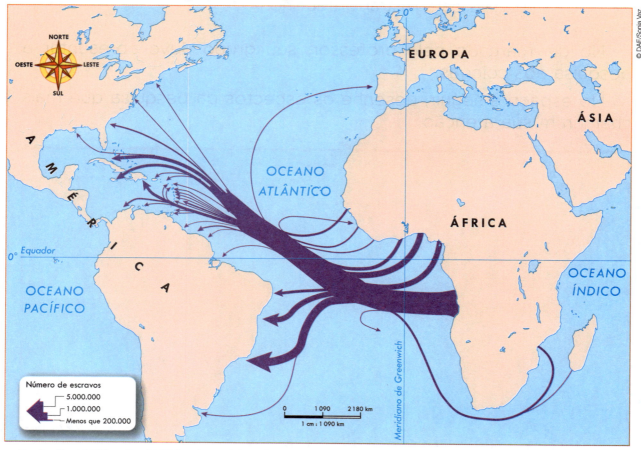

Fonte: David Eltis e David Richardson. *Atlas of transatlantic slave trade*. New Haven: Yale University, 2010. p. 18-19.

24

☐ O fluxo de escravos enviados para as ilhas de Cuba e Jamaica foi bastante intenso, assim como para o Brasil.

☐ A parte sul da América do Sul foi a principal porta de entrada dos escravos no continente americano.

☐ O continente americano recebeu grande quantidade de escravos.

☐ Os africanos trazidos à força para a América eram de uma única região do continente africano.

3. De acordo com o mapa da atividade anterior, quais foram as principais regiões de entrada dos africanos escravizados no Brasil?

_____

4. Reúna-se com um colega. Juntos, observem a gravura *Navio negreiro*, de Johann Moritz Rugendas, na página 18, e façam o que se pede.

a) Descrevam os elementos da imagem.

_____

_____

_____

_____

b) Como vocês imaginam que eram as viagens no navio negreiro?

_____

_____

5. Por que o deslocamento de africanos para o Brasil a partir de 1540 é chamado de "forçado"?

_____

_____

25

Periscópio

📖 Para ler

Formas e cores da África, de Mércia Maria Leitão e Neide Duarte. São Paulo: Editora do Brasil, 2014.
O livro apresenta a relação entre um avô de origem africana e seu neto. O avô usa máscaras, vestimentas e histórias para explicar ao neto a riqueza cultural do continente africano.

Eu não sei de qual África veio o meu bisavô, de Tadeu Costa. São Paulo: Lazuli, 2011.
Conheça a história de uma interessante família, compreenda sua origem e também a relação do continente africano com o Brasil atual.

Cordel do Chico Rei, de Sandra Lopes. Rio de Janeiro: Zit, 2015.
A história de Galanga, rei do Congo, é narrada pelas ilustrações e rimas desse cordel, que nos apresenta um soberano rei africano trazido à força para o Brasil para trabalhar como escravo.

👆 Para acessar

Ciência Hoje das Crianças: no *site* há diversos conteúdos sobre a História do Brasil, entre eles um texto que explica como eram as viagens portuguesas durante as navegações.
Disponível em: <http://chc.org.br/terra-a-vista>. Acesso em: 2 maio 2018.

As migrações e o Brasil

Observe a imagem a seguir.

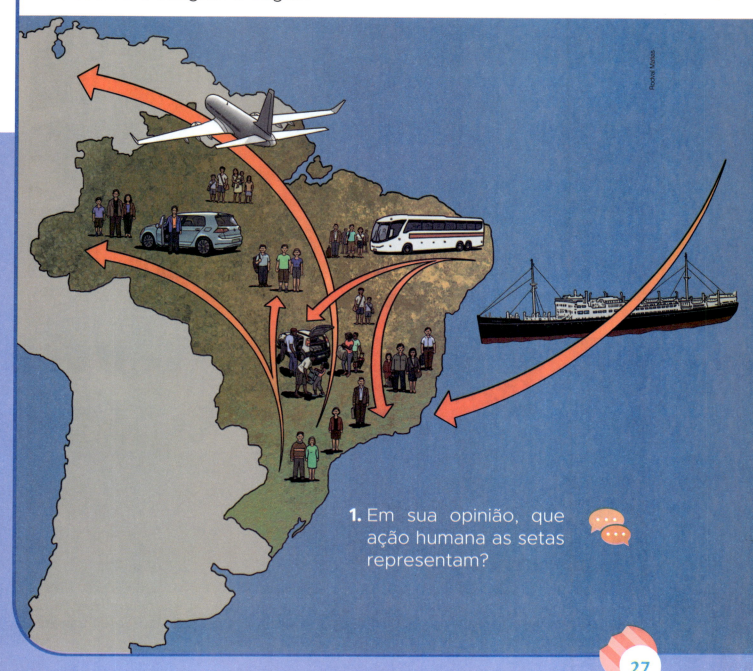

1. Em sua opinião, que ação humana as setas representam?

O que é migrar?

Você já sabe que os deslocamentos humanos acontecem há muito tempo e por diversos motivos.

Depois de um longo tempo, o deslocamento de pessoas entre continentes, países e cidades aumentou e recebeu o nome de migração. Em sua origem, a palavra **migração** significa "ir de um lugar para outro".

Observe as imagens.

Navio que trouxe os primeiros japoneses para o Brasil. Santos, São Paulo, 1908.

Família aguarda embarque em aeroporto. Recife, Pernambuco, 2017.

Funcionários transportam móveis de residência. Brasília, Distrito Federal, 2016.

Família organiza móveis para mudança de residência. Rio de Janeiro, Rio de Janeiro, 2014.

Migrações permanentes e temporárias

Existem diferentes tipos de migração.

- Quando as pessoas saem de seus locais de origem para morar em outros lugares sem intenção de voltar, dizemos que elas fizeram uma migração permanente.
- Já quando as pessoas saem de seus países ou municípios de origem com o objetivo de permanecer por algum tempo em outro lugar e depois retornar, elas fazem migrações temporárias.

Mulher aguarda embarque em ônibus interestadual para mudança de cidade. Salvador, Bahia, 2016.

Há ainda alguns tipos de migração que não pressupõem a mudança de domicílio.

Por exemplo, há pessoas que migram de um município a outro para trabalhar ou estudar e retornam para casa todos os dias. Esse tipo de deslocamento é chamado de migração pendular.

Há também o caso de pessoas que migram para outros municípios por um curto período de tempo, muitas vezes para fazer um trabalho temporário ou um curso de pouca duração, e depois retornam aos lugares de origem, sem que precisem mudar seus domicílios permanentes. Esse tipo de deslocamento é chamado de migração sazonal.

1. De acordo com o texto, qual é o tipo de migração retratada na imagem?

Migração interna

Migrantes chegam a Brasília para trabalhar na construção da cidade. Brasília, Distrito Federal, 1959.

Você sabia que, no Brasil, milhares de pessoas migram e migraram em busca de melhores condições de vida e trabalho em diferentes tempos?

A migração de pessoas de uma região para outra dentro de um mesmo país é chamada de migração interna.

No passado, milhares de pessoas que viviam no sertão dos estados da região nordeste enfrentaram longos períodos de seca. Por isso, muitas delas decidiram migrar para onde pudessem garantir melhores condições de vida.

Entre os anos de 1810 e 1939, parte da população do nordeste migrou para áreas da Floresta Amazônica, principalmente para os estados do Pará e Amazonas, a fim de trabalhar na extração de látex.

Migração para a Amazônia (1869-1908)

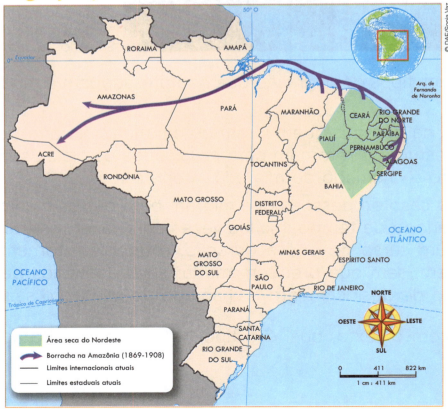

Fonte: Flávio de Campos e Miriam Dolhnikoff. *Atlas de História do Brasil.* São Paulo: Scipione, 2006. p. 33.

A partir de 1950 houve uma intensa migração de pessoas da região nordeste para os estados da região sudeste com o objetivo de trabalhar em indústrias, construções de imóveis, avenidas etc.

Outro exemplo de migração interna ocorreu entre 1956 e 1962, quando mais de 60 mil trabalhadores se deslocaram de diversos estados, como Goiás e Minas Gerais, para atuar na construção da cidade de Brasília.

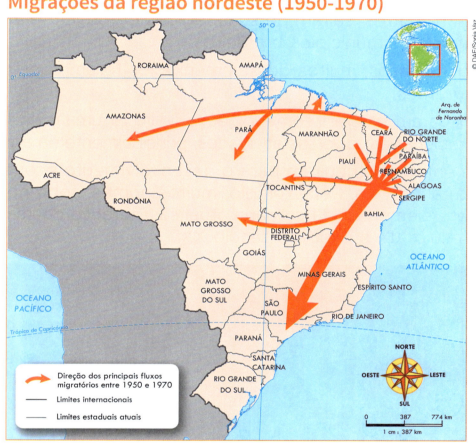

Fonte: Gisele Girarde; Jussara Vaz Rosa. *Atlas geográfico do estudante*. São Paulo: FTD, 2011. p. 19.

1. O que é migração interna?

☐ Migração de pessoas de uma região para outra dentro do mesmo país.

☐ Migração de pessoas de uma região para outro país.

2. O principal motivo da migração interna dos moradores da região nordeste do Brasil foi:

☐ enchente. ☐ seca. ☐ conflito.

De outros países para o Brasil

Você sabia que muitas pessoas de outros países migraram para o Brasil ao longo dos séculos XIX e XX? Essas pessoas foram chamadas de **imigrantes** e contribuíram para a formação da sociedade brasileira.

Imigrante: pessoa que passa a morar em um país estrangeiro.

Diversas pessoas de países como Itália, Alemanha, Japão, Síria e Líbano, entre outros, saíram de suas regiões de origem e vieram morar em diferentes municípios brasileiros.

Em alguns casos, muitos desses municípios foram construídos por esses imigrantes.

Eles chegaram ao Brasil com o objetivo de iniciar uma nova vida e passaram a trabalhar em diversas atividades, principalmente na agricultura.

Desde então contribuíram para o desenvolvimento econômico, social e cultural do país. Por exemplo, muitos nomes, sobrenomes, costumes e até elementos da culinária atual são herança da imigração do final do século XIX e início do século XX.

Italianos recém-chegados à Hospedaria dos Imigrantes. São Paulo, São Paulo, c. 1900.

1. Na história de sua família, há imigrantes? Quem são eles? De onde vieram?

   _____

   _____

   _____

2. Reúna-se com os adultos que moram com você, faça as perguntas abaixo e registre as respostas deles. Caso não saibam alguma resposta, pesquisem juntos em revistas, livros e internet.

   a) Os imigrantes estão presentes na formação do município onde moramos?

   _____

   _____

   _____

   b) Qual é a origem desses imigrantes?

   _____

   _____

   _____

   c) Qual foi a contribuição deles para o desenvolvimento do município?

   _____

   _____

   _____

   d) Atualmente o município abriga os descendentes desses imigrantes?

   _____

   _____

   _____

   Agora, compartilhe suas descobertas com os colegas e o professor.

A imigração e o café

A vinda de imigrantes para o Brasil durante o século XIX e começo do século XX esteve ligada a dois motivos principais: a busca de novas oportunidades de trabalho e a necessidade de trabalhadores nas lavouras de café, especialmente naquelas localizadas no estado de São Paulo.

Grande parte dos imigrantes foi empregada como trabalhador livre nas fazendas de café paulista. Eles eram contratados em sistema de parceria, ou seja, tudo o que colhiam deveria ser dividido com o dono da fazenda, o que nem sempre acontecia. Na divisão, muitas vezes, os imigrantes ficavam com menos da metade da colheita.

Em cada fazenda havia um armazém que pertencia ao fazendeiro, onde os imigrantes compravam comida e ferramentas. O preço desses produtos era alto e os imigrantes acabavam se endividando a ponto de entregar sua parte da colheita e ainda precisar trabalhar para pagar o restante da dívida.

Em algumas fazendas, aqueles que não conseguiam pagar eram castigados. Esses exemplos mostram que o sonho de encontrar novas oportunidades e melhores condições de vida em outro país não se realizava.

Trabalhadores imigrantes em fazenda de café. São Paulo, c. 1901-1910.

Os imigrantes na região sul

A imigração também chegou à região sul do Brasil, onde italianos e alemães fundaram algumas cidades, entre elas, Blumenau, em Santa Catarina, e São Leopoldo, no Rio Grande do Sul.

Na região sul, os imigrantes se dedicaram ao cultivo de frutas, principalmente maçã e uva, além da criação de animais. Alguns deles fundaram pequenas fábricas de cerveja, vinho e produtos derivados do leite, como doces e queijos.

Além desses produtos, desenvolveram atividades que envolviam desde o cultivo de legumes e verduras até a produção de geleias e tecidos, entre outros.

Família de imigrantes alemães. São Leopoldo, Rio Grande do Sul, 1880.

Muitas das contribuições dos diversos imigrantes que chegaram ao Brasil fazem parte dos hábitos brasileiros e podem ser observadas na música, dança, culinária e em vários outros elementos da cultura do país.

1. Escreva **V** para as frases verdadeiras e **F** para as falsas.

☐ Imigrante é toda pessoa que viaja para outro país a passeio.

☐ Os imigrantes que chegaram ao Brasil contribuíram para o surgimento de diferentes tipos de trabalho e trouxeram novos costumes, vários deles incorporados pelos brasileiros.

☐ Muitos imigrantes foram trabalhar nas lavouras de café, principalmente no estado de São Paulo.

☐ Os imigrantes eram contratados em sistema de parceria, e tudo o que produziam era dividido igualmente com o dono da fazenda.

35

Isto é documento

A agricultura e o desmatamento de florestas

Antes da chegada dos portugueses em 1500, a Mata Atlântica ocupava uma grande área do atual território brasileiro, desde a região nordeste até a região sul.

No início da colonização, a extração de pau-brasil e o cultivo da cana-de-açúcar foram decisivos para o processo de desmatamento das florestas brasileiras. Anos depois, o cultivo do café também contribuiu para o desmatamento, principalmente da Mata Atlântica.

Pesquisadores afirmam que o café chegou à atual cidade de Belém, no Pará, por volta de 1727.

Devido ao tipo de solo e às condições climáticas do território brasileiro, as plantações de café cresceram e seu cultivo se expandiu para outras áreas, entre elas, os atuais estados do Maranhão, Ceará, Goiás, Minas Gerais, Espírito Santo, Rio de Janeiro, São Paulo etc.

Ao migrar para a região sul, especialmente para áreas de Mata Atlântica, as plantações de café foram beneficiadas com um solo rico em nutrientes.

Johann Moritz Rugendas. *Colheita de café na Tijuca*, 1835. Litogravura colorizada, 24,7 cm × 31 cm. Na imagem, é possível observar que o café era plantado no meio da mata.

Antes de iniciar o plantio, os agricultores queimavam trechos da floresta para destruir as árvores, arrancavam suas raízes para evitar que elas crescessem e preparavam o solo para a semeadura. Esse processo contribuiu decisivamente para a mudança da paisagem.

Mata Atlântica em 1500

Mata Atlântica atual

Fonte: Fundação SOS Mata Atlântica. Instituto Nacional de Pesquisas Espaciais. *Atlas dos Remanescentes Florestais da Mata Atlântica* - Período 2014-2015. Relatório Técnico. Disponível em: <http://mapas.sosma.org.br/site_media/download/atlas_2014-2015_relatorio_tecnico_2016.pdf>. Acesso em: 2 maio 2018.

1. Em que região havia maior concentração da Mata Atlântica?

_____

2. Em quais regiões houve maior redução de área da Mata Atlântica?

_____

_____

3. De acordo com o texto e os mapas, qual é a relação entre a agricultura e a Mata Atlântica?

_____

_____

4. Com a orientação do professor, faça uma pesquisa e descubra se seu município está localizado em uma área da Mata Atlântica.

Leio e compreendo

Conhecer os imigrantes, aprender e conviver com eles

Você sabia que em muitas escolas há alunos de diferentes países? Leia o texto:

É cada vez mais comum ouvir palavras em espanhol, francês e árabe em meio à agitação nos corredores das escolas públicas de São Paulo. Nos colégios da prefeitura, por exemplo, os estrangeiros dobraram nos últimos cinco anos e já são 4 747. Somando-se aos estudantes de unidades estaduais, eles já ultrapassam 10 mil na cidade.

São alunos oriundos de mais de 80 países e que desembarcaram na cidade por questões que vão desde a falta de oportunidades à perseguição **política** e guerras. Metade dos estrangeiros são bolivianos. Haitianos e angolanos estão entre as nacionalidades que mais crescem.

Agora, as escolas em bairros nos quais vive essa comunidade tentam se adaptar a essa realidade, muitas vezes [por meio de] iniciativas dos professores e até dos alunos. Na escola de Ensino Fundamental Infante Dom Henrique, no Canindé, na Zona Norte [de São Paulo], dois em cada dez estudantes são estrangeiros.

Criança síria refugiada conversa com as amigas brasileiras em pátio de escola municipal na cidade de São Paulo, São Paulo, 2016.

O diretor Cláudio Marques Neto, 49 [anos], diz ter encontrado uma escola mergulhada em violência e intolerância quando chegou, em 2011. Os brasileiros cobravam até **pedágio** de colegas de outros países, sob ameaça de agressão.

> **Cosmopolita:** neste caso, lugar com pessoas de diferentes países.
> **Etnia:** grupo humano que se distingue de outros por seus costumes, língua, tradições etc.
> **Pedágio:** taxa.
> **Política:** neste caso, conjunto de ideias e opiniões.

Para mudar essa realidade, o diretor passou a reunir alunos estrangeiros e seus pais para discutir suas experiências. Depois, pediu que as crianças convidassem colegas brasileiros para as discussões. "Aí acabou toda aquela violência", afirma.

Hoje, a escola tem cartazes em várias línguas e um mural que representa diversas **etnias**. Estimulados pela atmosfera **cosmopolita**, professores e alunos também passaram a propor iniciativas. Entre elas, está o caso de duas alunas com ascendência boliviana que dão aulas de espanhol para os colegas.

Artur Rodrigues. 'Onda estrangeira' força adaptação de escolas da rede municipal de SP. *Folha de S.Paulo*, 16 ago. 2017 (Agência Folhapress). Disponível em: <www1.folha.uol.com.br/educacao/2017/08/1910228-onda-estrangeira-forca-adaptacao-de-escolas-da-rede-municipal-de-sp.shtml>. Acesso em: 2 maio 2018.

1. De acordo com o texto, o que está acontecendo nas escolas públicas de São Paulo?

_____

_____

2. Quais são os motivos do aumento de estudantes estrangeiros nessas escolas?

_____

_____

3. Com o lápis **vermelho**, grife no texto os trechos que revelam a intolerância dos estudantes de São Paulo aos estudantes estrangeiros.

4. Com o lápis **azul**, grife no texto os trechos que revelam o que o diretor da escola fez para que a intolerância acabasse.

Giramundo

Diversas linguagens

Atualmente, milhões de pessoas estão migrando de um país para outro. São famílias sírias, haitianas, angolanas, bolivianas, venezuelanas, entre outras.

Algumas pessoas migram por causa de guerra, outras em busca de trabalho, oportunidades etc.

Observe as imagens.

Haitianos em sala de aula no Brasil. Cuiabá, Mato Grosso, 2015.

Refugiados sírios fazem manifestação pela paz na Síria. Belo Horizonte, Minas Gerais, 2015.

Família angolana em sua nova casa. São Paulo, São Paulo, 2016.

Indígenas venezuelanas que migraram para a cidade de Manaus, Amazonas, 2017.

Vivendo no Brasil, os filhos dessas famílias frequentam as escolas brasileiras, aprendem a língua portuguesa, fazem novos amigos, conhecem novos costumes e modos de vida.

Ao mesmo tempo, ensinam a seus novos amigos brasileiros a língua materna e o modo de vida deles.

1. Na escola onde você estuda há alunos que vieram de outros países? Se sim, converse com eles e descubra qual língua eles falam. Pergunte também o nome de alguns materiais escolares, alimentos e outros objetos na língua deles. Escreva abaixo o que você descobriu.

2. Se sua escola não tem nenhum aluno vindo de outro país, com a ajuda do professor, descubra qual é a língua falada pelas famílias retratadas nas imagens da página anterior.

3. Escolha um objeto do seu material escolar e, com a orientação do professor, descubra qual é o nome desse objeto em cada uma das línguas faladas pelas famílias retratadas nas imagens. Registre a resposta no espaço a seguir.

Construir um mundo melhor

Receber quem quer conhecer nosso país

O Brasil é um país com diversas paisagens naturais.

Todos os anos, mais de 6 milhões de pessoas, atraídas por elas, saem de seus países de origem para conhecer o Brasil.

Cachoeira na Estância Mimosa. Bonito, Mato Grosso do Sul, 2017.

Parque Zoobotânico Mangal das Garças, à margem do Rio Guamá. Belém, Pará, 2017.

Dunas no Parque Nacional dos Lençóis Maranhenses. Barreirinhas, Maranhão, 2017.

Igreja Nossa Senhora do Carmo. Ouro Preto, Minas Gerais, 2017.

Além da paisagem, muitos turistas procuram o Brasil para conhecer algumas de suas festas populares, como o Carnaval.

Desfile de escola de samba na Marquês de Sapucaí. Rio de Janeiro, Rio de Janeiro, 2015.

Multidão acompanha trio elétrico em Carnaval Pipoca. Salvador, Bahia, 2016.

Para que os turistas retornem ao Brasil é preciso que o governo de cada município ofereça condições para que eles recebam informações, tenham segurança e sejam bem recebidos.

1. Com um colega, escreva no espaço a seguir cinco atitudes que os governos municipais e a população devem ter para receber bem os turistas.

_____
_____
_____
_____
_____
_____
_____
_____

Retomada

1. Escolha a informação relacionada à migração que completa o enunciado e copie a frase inteira nas linhas a seguir.

   a) Chamamos de migração:
   - a mudança de uma casa para outra na mesma rua.
   - o deslocamento de alunos para uma mesma sala de aula.
   - o deslocamento de pessoas de uma cidade para outra ou de um país para outro.

   _____

   _____

   b) A migração permanente é:
   - aquela em que as pessoas migram de seus países ou municípios para viver em outros durante um curto período.
   - aquela em que as pessoas migram de seus países ou municípios para viver em outros por muito tempo.
   - aquela em que as pessoas permanecem nos países ou municípios em que nasceram durante muito tempo.

   _____

   _____

   c) Um exemplo de migração temporária ocorre quando:
   - as pessoas migram para outros municípios a fim de trabalhar ou estudar e não retornam aos municípios de origem.
   - as pessoas migram para outros municípios com o objetivo de trabalhar ou estudar e retornam todos os dias aos municípios de origem.
   - as pessoas migram para outros municípios por um longo período de tempo.

   _____

   _____

   _____

d) Chamamos de migração interna quando:

- pessoas se deslocam de uma região para outra em um mesmo país.
- pessoas se deslocam de uma região para outra em países diferentes.
- pessoas permanecem em uma mesma região do país.

_____

_____

_____

2. Preencha o quadro com as informações sobre os primeiros imigrantes que chegaram à Região Sul do Brasil.

País de origem	Atividades desenvolvidas

3. Marque com **X** as palavras que valorizam a convivência com os imigrantes. Procure no dicionário o significado das palavras que você não souber.

- ☐ solidariedade
- ☐ violência
- ☐ respeito
- ☐ raiva
- ☐ intolerância
- ☐ fraternidade
- ☐ cordialidade
- ☐ discriminação
- ☐ empatia
- ☐ acolhimento

Periscópio

📖 Para ler

A chegada, de Shaun Tan. São Paulo: SM, 2006.
Um homem é obrigado a sair de sua casa para buscar melhores condições de vida. Chegando ao lugar de destino, conhece a história de outras pessoas que se deslocaram pelos mesmos motivos.

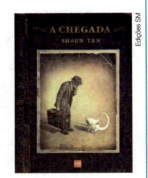

Meu avô alemão, de Martin Wille. São Paulo: Panda Books, 2012.
Max resolve passar as férias na casa dos avós e descobre muitas informações sobre seus antepassados: em que local da Alemanha seu avô nasceu, como era a infância dele, por que ele veio para o Brasil.

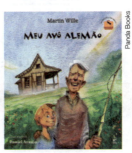

👆 Para acessar

Museu da Imigração de São Paulo: o *site* contém diversas informações sobre as famílias imigrantes que vieram para o Brasil nos séculos XIX e XX.
Disponível em: <http://museudaimigracao.org.br>. Acesso em: 2 maio 2018.

▶ Para assistir

Malak e o barco: uma viagem da Síria, direção de André Holzmeister, 2015.
Esse filme de animação conta a história de Malak, garota síria de 7 anos que fugiu do país com sua família e enfrentou diversas dificuldades durante seu deslocamento.

As primeiras atividades humanas

Você já imaginou o que os primeiros seres humanos faziam para conseguir alimentos?

1. Pinte o pote de barro que indica as três primeiras formas pelas quais os seres humanos obtinham alimentos.

As atividades humanas atuais

Em nosso cotidiano, podemos identificar diversas atividades feitas por diferentes profissionais que são essenciais para nossa vida.

Você já imaginou como seria a vida sem as atividades realizadas, por exemplo, pelos trabalhadores do campo? E como seria a vida nas áreas urbanas sem a atividade do motorista de ônibus?

Já pensou como seria sua alimentação se o ser humano não dominasse o fogo?

Trabalhadora na colheita de uva.
Silveira Martins, Rio Grande do Sul, 2017.

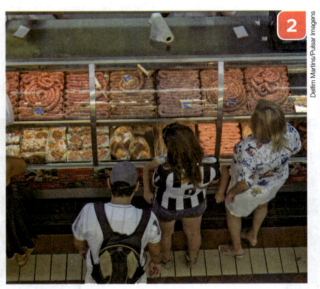

Pessoas compram carne em açougue.
Belo Horizonte, Minas Gerais, 2015.

Motoristas em tráfego de veículos.
Belém, Pará, 2016.

Pessoa cozinha alimento.
Itaporã, Mato Grosso do Sul, 2017.

1. As situações representadas nas imagens da página anterior estão presentes em seu dia a dia? Se sim, explique de que maneira.

- Imagem 1: _____

  _____

- Imagem 2: _____

  _____

- Imagem 3: _____

  _____

- Imagem 4: _____

  _____

2. Duas imagens da página anterior retratam fatos importantes das primeiras comunidades humanas: o domínio do fogo e a invenção da roda. Cite duas outras situações em que o fogo e a roda são utilizados atualmente.

Fogo	Roda
_____	_____
_____	_____
_____	_____
_____	_____

3. Com a ajuda de um familiar, pesquise quais produtos consumidos por sua família são cultivados por agricultores.

_____

_____

_____

_____

Nem sempre foi assim...

Para a maioria das pessoas, utilizar o fogão para cozinhar, consumir regularmente frutas, verduras e legumes produzidos por agricultores, alimentar-se de carne, peixe ou aves nas refeições e utilizar meios de transporte como automóvel, ônibus, bicicleta ou charrete são ações comuns do dia a dia.

No entanto, nem sempre foi assim. Há milhões de anos, as primeiras comunidades humanas enfrentavam diversas dificuldades para alimentar-se, locomover-se e abrigar-se do frio.

Nessas comunidades era importante viver em grupo, pois isso os ajudava a superar tais dificuldades.

Representação da coleta de alimentos nas primeiras comunidades humanas.

Representação de refeição em família na atualidade.

1. Observe as imagens da página anterior e faça o que se pede.

a) Quais elementos chamam a sua atenção? Por quê?

- Imagem 1: _____

_____

_____

- Imagem 2: _____

_____

_____

b) Identifique uma semelhança entre os modos de vida das pessoas.

_____

_____

c) Você costuma alimentar-se em grupo? Em quais situações?

_____

_____

2. Descreva qual é a importância da vida em grupo para você.

_____

_____

_____

3. Explique em quais situações de seu cotidiano você convive com diferentes grupos.

_____

_____

_____

_____

_____

Lá na África

Diversas pesquisas apontam que as primeiras comunidades humanas surgiram e se desenvolveram na África há milhões de anos.

A África é um **continente** composto de mais de 50 países, com paisagens diversas, e habitado por povos de culturas, línguas e costumes diferentes.

> **Continente:** grande extensão de terra cercada por mares e oceanos; constitui cada uma das grandes áreas do planeta. São elas: África, América, Antártida, Ásia, Europa e Oceania.

Mulheres em acampamento próximo a Tindouf. Argélia, 2016.

Muçulmanos em mesquita. Cairo, Egito, 2009.

Família reunida. Omo Valley, Etiópia, 2015.

Pessoas caminham em rua. Dar Es Salaam, Tanzânia, 2015.

1. As fotografias e o texto revelam a diversidade do continente africano?

☐ Sim. ☐ Não.

2. Com a ajuda do professor, faça uma pesquisa na internet sobre os países retratados nas imagens. Descubra a extensão territorial e o número de habitantes de cada um deles.

País	Características
Argélia	Extensão: _____ Habitantes: _____
Egito	Extensão: _____ Habitantes: _____
Etiópia	Extensão: _____ Habitantes: _____
Tanzânia	Extensão: _____ Habitantes: _____

3. Converse com os colegas e o professor sobre o que vocês sabem da influência da população de origem africana na sociedade brasileira atual. Em seguida, registre abaixo os elementos que foram destacados nessa conversa por toda a turma.

_____

_____

_____

_____

_____

_____

Caçar, coletar e pescar

Você já sabe que as primeiras comunidades humanas surgiram no continente africano e também nessa região desenvolveram suas primeiras atividades. Isso aconteceu há cerca de 3 milhões de anos.

Em busca de alimentos, os seres humanos desenvolveram habilidades relacionadas à caça, pesca e coleta de frutos. Esse período foi chamado por historiadores e arqueólogos de Paleolítico.

> É chamado de **Paleolítico** o período que começou há cerca de 3 milhões de anos e se estendeu até cerca de 12 mil anos atrás.

No Paleolítico, algumas comunidades caçadoras, coletoras e pescadoras viviam em grupos, utilizavam as cavernas como abrigo, já usavam instrumentos feitos de pedra e dominavam a técnica de produção do fogo.

O fogo era utilizado, por exemplo, para aquecer o corpo quando estava frio, para cozinhar alimentos e como proteção contra outros animais.

Representação dos primeiros grupos humanos fazendo uma fogueira para cozer a carne de um animal.

1. Pinte de **azul** o trecho do texto que indica como se organizavam os seres humanos que viveram no Período Paleolítico.

2. Pinte de **vermelho** o trecho que explica qual era o material utilizado na confecção dos instrumentos.

O cotidiano das comunidades do Paleolítico

Para manterem-se alimentadas, as comunidades do Paleolítico exploravam os frutos e as caças de uma região até seu esgotamento. Esgotados os recursos, os grupos se deslocavam para outra região. Por essa razão, afirma-se que eles eram nômades, ou seja, não tinham uma moradia fixa.

Representação de um grupo humano do Período Paleolítico.

Pesquisas arqueológicas apontam que, nas comunidades nômades do Paleolítico, tudo o que era caçado e coletado era dividido entre todos os membros do grupo. Há indícios de que o trabalho também era dividido: mulheres e crianças colhiam os frutos, e os homens responsabilizavam-se pela caça dos animais.

A caça envolvia um processo que não se restringia apenas à captura da presa. Ela se caracterizava pela escolha dos animais, pela fabricação dos instrumentos necessários para o ataque e, por fim, pela captura dos animais.

1. Assinale as alternativas corretas sobre o Período Paleolítico.

    ☐ As comunidades caracterizavam-se por viver em lugares fixos.

    ☐ O nomadismo das comunidades está relacionado às atividades de caça, pesca e coleta.

    ☐ As comunidades não se preocupavam em confeccionar instrumentos para capturar animais.

    ☐ As crianças das comunidades participavam da coleta de frutos.

    ☐ Não havia divisão do trabalho entre homens e mulheres nas comunidades.

Arte e história

Muitas das características e do modo de viver das comunidades paleolíticas que conhecemos atualmente foram descobertas e analisadas por arqueólogos.

Um dos vestígios estudados por eles são os desenhos que essas comunidades fizeram em pedras e paredes de cavernas, conhecidos como pinturas rupestres.

Nas pinturas rupestres estão registradas cenas da vida cotidiana. A maioria das cenas retrata objetos, combates, caçadas, cerimoniais, desenhos geométricos, seres humanos e outros animais.

Elas indicam, por exemplo, que havia um tipo de ritual que ocorria antes ou depois da caçada, no qual as pessoas desenhavam figuras que representavam a caça nas paredes.

Pinturas rupestres de aproximadamente 11 mil anos atrás. Parque Nacional Cavernas do Peruaçu, Minas Gerais.

Arte rupestre de mais de 12 mil anos atrás. Madhya Pradesh, Índia.

As pinturas rupestres já foram identificadas em muitos lugares tanto do Brasil como de outros países.

1. Que figuras você identifica nas pinturas rupestres desta página e da anterior?

   _____

   _____

   _____

2. De que maneira as pinturas rupestres podem auxiliar as pessoas a conhecer melhor as comunidades do Período Paleolítico?

   _____

   _____

   _____

3. Os grupos humanos transmitem aprendizados um para o outro há muito tempo. Reúna-se com um colega e compartilhe algo que você aprendeu com um adulto. Depois ouça o que ele também aprendeu.

Leio e compreendo

Coletores nos dias atuais

Ainda hoje a pesca e a coleta são atividades importantes para diversas comunidades no mundo. Algumas formas de coleta são chamadas de extrativismo.

> Denominam-se **extrativismo** todas as atividades de coleta de produtos naturais, de origem animal, vegetal ou mineral.

Em estados como o Amazonas, o extrativismo é para muitas comunidades a principal atividade econômica.

Um exemplo é o extrativismo de açaí. Atualmente, essa atividade une o sustento de diversas famílias à preservação ambiental da região da Floresta Amazônica.

O açaí, rico em vitaminas e fibras, é fruto de uma palmeira nativa da Amazônia. Sua extração passa por várias etapas, que vão da seleção durante a colheita até o uso de máquinas que garantem a limpeza e a qualidade do fruto.

Árvore de açaí. Arataca, Bahia, 2016.

Mulher retira fruto de açaí. Santarém, Pará, 2017.

Muitos coletores de açaí retiram os frutos da natureza quando eles estão maduros, respeitando o tempo de produção e a exploração sustentável da floresta. Além disso, diversas comunidades produzem artesanatos, como brincos, colares e pulseiras, usando a semente desse fruto.

Leia o texto a seguir.

Parceria para extração de açaí beneficia comunidades ribeirinhas na Amazônia

Artesanato feito de sementes de açaí. Manaus, Amazonas, 2007. O comércio dessas peças, criadas de forma sustentável, gera renda para as famílias, o que eleva a qualidade de vida delas.

[...]

"A gente extrai da floresta, mas sem explorá-la, e essa parceria vai melhorar o nosso trabalho na comunidade, pois teremos mais condições de crescer com o nosso trabalho", disse o extrator de açaí de Carauari, Sebastião do Amaral.

A extração precisa ser rápida: os moradores das comunidades escolhem um dia, andam cerca de três horas floresta adentro em busca de árvores que estejam cheias da planta, em seguida, sobem e retiram a fruta para armazenarem longe do calor com o prazo máximo de 24 horas para destruição, pois, passado este tempo, o açaí perde os **nutrientes**.

[...]

Nutriente: que nutre ou serve para nutrir.

Agência EFE. Parceria para extração de açaí beneficia comunidades ribeirinhas na Amazônia. *G1*. Disponível em: <http://g1.globo.com/mundo/noticia/2013/09/parceria-para-extracao-de-acai-beneficia-comunidades-ribeirinhas-na-amazonia.html>. Acesso em: 2 maio 2018.

1. De acordo com o texto, quais são os benefícios da parceria para extração de açaí?

_____

_____

2. Qual é a importância do extrativismo do açaí para as comunidades da região amazônica?

_____

_____

Giramundo

Os sítios arqueológicos

Nas últimas décadas, o trabalho de diversos arqueólogos brasileiros foi responsável por descobertas importantes acerca dos primeiros habitantes do Brasil.

Esses profissionais fazem escavações em sítios arqueológicos, pesquisam e estudam os objetos utilizados por grupos humanos que viveram no passado.

A escavação de sítios arqueológicos em diferentes estados possibilitou que conhecêssemos melhor nosso passado.

Parte de vaso de cerâmica com cerca de mil anos encontrada em sítio arqueológico de Calçoene. Macapá, Amapá, 2013.

Principais sítios arqueológicos do Brasil

Sítio arqueológico é o local em que ficaram preservados vestígios de culturas e sociedades antigas e recentes.

Fonte: Cláudio Vicentino. *Atlas histórico: geral e Brasil*. São Paulo: Scipione, 2011. p. 27.

60

A preservação de sítios arqueológicos e das pesquisas realizadas neles requer o reconhecimento de sua importância por parte das comunidades locais, dos turistas e do próprio governo.

Além disso, eles podem transformar-se em importantes pontos turísticos do município em que estão localizados.

Pinturas rupestres no sítio arqueológico Alcobaça. Buíque, Pernambuco, 2012.

Arqueólogos escavam sítio arqueológico. São José do Cerrito, Santa Catarina, 2016.

1. Qual é a importância dos sítios arqueológicos para os municípios onde eles estão localizados?

_____

_____

2. De acordo com o mapa, há sítios arqueológicos no estado em que você mora?

Siga as orientações do professor, faça uma pesquisa para saber o nome dos principais sítios arqueológicos de seu estado e o que foi encontrado neles, e registre abaixo.

_____

_____

_____

_____

Retomada

1. Identifique e pinte os quadros que contêm características dos seres humanos que viveram no Período Paleolítico.

- domínio do fogo
- caça, coleta e pesca
- fabricação de instrumentos de metal
- fabricação de instrumentos de pedra
- nomadismo
- pinturas rupestres

2. Explique o que significa a palavra **nômade**.

_____
_____
_____
_____

3. Escreva **V** para as afirmações verdadeiras e **F** para as falsas.

☐ Atualmente, nenhuma sociedade extrativista brasileira se preocupa com a preservação ambiental.

☐ Antes de caçar, muitas comunidades do Paleolítico desenhavam o animal escolhido nas rochas, enquanto outras fabricavam os instrumentos necessários para a captura.

☐ Os sítios arqueológicos não fornecem informações sobre as comunidades do Período Paleolítico.

☐ Para muitas famílias da região da Floresta Amazônica, o extrativismo é o principal meio de vida.

4. Com relação à atividade anterior, reescreva as frases que você considerou falsas corrigindo o que está incorreto para que se tornem verdadeiras.

5. Explique como ocorre a extração de açaí nas comunidades ribeirinhas da Amazônia.

6. Escreva duas frases sobre a importância dos sítios arqueológicos: a primeira deve conter a palavra **história**, e a segunda deve conter a palavra **turismo**.

Periscópio

📖 Para ler

Arqueologia: uma atividade muito divertida, de Raquel dos Santos Funari e Laboratório de Arqueologia Pública Paulo Duarte. Campinas: Caluh, 2014.
A obra é um convite para conhecer o universo da arqueologia, seu significado, as técnicas e tudo o que se pode descobrir por meio da investigação dos vestígios do passado.

Arte rupestre, de Hildegard Feist. São Paulo: Moderna, 2010.
Ilustrado com diversas imagens de pinturas rupestres, o livro apresenta ao leitor diferentes tipos de pinturas e técnicas de vários lugares do mundo.

▶ Para assistir

Os Croods, direção de Chris Sanders e Kirk de Micco, 2013.
Depois que um terremoto destrói a caverna da família Crood, seus membros saem em busca de outro lar. Começam então a viver novas experiências e enfrentar grandes desafios em terras desconhecidas.

👆 Para acessar

Fundação Museu do Homem Americano: já imaginou visitar um lugar e ter contato com artefatos e até mesmo com alguns ossos dos primeiros povos que viveram no Brasil? No Museu do Homem Americano é possível conhecer esses e outros interessantes vestígios. Disponível em: <www.fumdham.org.br>. Acesso em: 2 maio 2018.

UNIDADE 4 — As comunidades agrícolas em diferentes tempos

Vamos à feira livre!

Nas feiras livres encontramos diversos produtos.

1. Faça suas compras ligando à sacola apenas os produtos agrícolas.

65

A importância da agricultura

Ir à feira ou ao mercado e comprar frutas, verduras, legumes e grãos faz parte da rotina de milhões de pessoas. Há aquelas que colhem esses alimentos diretamente de hortas mantidas na própria moradia, principalmente em sítios ou fazendas.

Muitos agricultores, no entanto, trabalham para produzir alimentos que serão consumidos por milhões de pessoas diariamente.

A agricultura existe há muito tempo! Para praticá-la e alimentar um número cada vez maior de pessoas, há mais de 12 mil anos centenas de paisagens naturais foram e continuam sendo modificadas.

Observe as imagens:

Representação de uma mata.

Representação de ação humana na mesma mata.

1. Que mudanças você identifica na paisagem de uma imagem para a outra?

_____
_____
_____

2. Converse com os colegas e o professor sobre a importância da agricultura na vida de vocês.

Diferentes tempos e técnicas

Desde o início do desenvolvimento da agricultura, sabe-se que esta é uma atividade presente em diversas comunidades.

Nas imagens a seguir, você conhecerá algumas comunidades que praticaram a agricultura em diferentes períodos históricos e aplicaram variadas técnicas de cultivo.

Detalhe de pintura que mostra a colheita de trigo no Egito Antigo há mais de 3 mil anos.

Iluminura mostra camponeses arando a terra no século XVI.

Colheita de cana-de-açúcar. Vale do Paraíba, São Paulo, c. 1885.

Agricultores aram a terra. Cabrobó, Pernambuco, 2016.

67

As comunidades agrícolas do Neolítico

Os estudos de História e Arqueologia apontam que a agricultura começou a ser praticada pelos seres humanos há cerca de 12 mil anos, no período chamado Neolítico. Mas essa prática não aconteceu ao mesmo tempo com todos os grupos humanos.

> **Neolítico** é o período entre 12 e 4 mil anos a.C., em que os seres humanos desenvolveram a agricultura, domesticaram animais e criaram instrumentos de pedra polida.

Mas por que a agricultura passou a ser praticada? Vamos descobrir!

Diversas mudanças climáticas – entre elas, o aumento da temperatura da Terra – fizeram com que vários animais fossem desaparecendo. Com isso, a disponibilidade de carne, por exemplo, diminuiu, e os grupos humanos passaram a buscar novas fontes de alimento.

Na busca por alimentos, os grupos de caçadores e coletores passaram por regiões que correspondem às atuais África e Ásia, onde encontraram grande quantidade de cereais **silvestres**, entre eles, trigo e cevada.

Durante um longo tempo, as comunidades coletoras observaram e perceberam que diversos tipos de grãos que caíam na terra geravam novas plantas e nelas cresciam os mesmos frutos.

Representação de um grupo humano do Período Neolítico.

Com base nessa observação, alguns grupos humanos passaram a enterrar novamente alguns grãos. O domínio dessa técnica de semeadura possibilitou a produção de novas plantas, semelhantes às que lhes deram origem. Essa prática foi o início da agricultura.

Com a agricultura, o modo de vida alterou-se. As comunidades que eram nômades passaram a viver em um mesmo lugar, tornando-se **sedentárias**.

Com a sedentarização, os grupos humanos também desenvolveram técnicas para domesticar animais como carneiros e cabras, entre outros.

Todas essas mudanças acarretaram aumento na produção de alimentos e demandaram a elaboração de instrumentos para auxiliar o trabalho das pessoas que viviam naquela época.

Esses instrumentos eram fabricados com materiais obtidos diretamente da natureza. Inicialmente eram feitos de pedra e madeira, mas, com o passar do tempo, as comunidades aprenderam a manipular o barro e os metais, com os quais passaram a fabricar instrumentos.

> **Sedentário:** que tem habitação fixa.
> **Silvestre:** que nasce ou cresce na floresta.

Ferramentas de pedra do Período Neolítico produzidas há mais de 4 mil anos.

1. Circule de **verde** os elementos característicos das comunidades caçadoras e coletoras e de **azul** os referentes às comunidades agrícolas.

| cultivo de cereais | instrumentos de metal | coleta | nômades |
| sedentárias | domesticação de animais | caça | instrumentos de barro |

69

O Rio Nilo e a agricultura no Egito Antigo

O Egito é um país do continente africano que tem uma história bastante antiga.

Há mais de 6 mil anos, a agricultura era a principal atividade praticada pelas pessoas que habitavam o Egito.

Imagem de satélite do Rio Nilo. Egito, 2017.

Vivendo em uma região predominantemente desértica, os agricultores do Egito Antigo utilizaram um elemento natural muito importante para a produção: o Rio Nilo, que atualmente é o maior rio do mundo.

Nas margens desse rio, a terra fértil era propícia para a prática da agricultura e a criação de animais, elementos fundamentais para os grupos humanos se estabelecerem na região.

Agricultura às margens do Rio Nilo. Egito, 2014.

70

O Rio Nilo e o trabalho dos camponeses

O Rio Nilo obedece a um regime de cheias que funciona da seguinte forma: durante os meses de julho a novembro, as chuvas são fortes, inundam o rio e alagam suas margens.

Húmus: matéria orgânica depositada no solo que o torna mais fértil.

Durante as cheias, as águas carregam **húmus**, que fertilizam as terras e possibilitam a prática agrícola.

> **Regime de cheias** é o aumento no volume de água de um rio durante a estação chuvosa.

No passado, os agricultores aproveitavam o período de baixa das águas do rio e se dedicavam ao plantio de trigo, cevada, frutas e papiro, entre outros produtos.

Formando a maioria da população, os agricultores eram responsáveis pela produção agrícola e também pela construção das obras públicas, incluindo as pirâmides.

Representação de produção agrícola às margens do Rio Nilo.

1. Qual é a importância do Rio Nilo para o Egito?

_____
_____
_____

O milho e a mandioca de cada dia

Os primeiros povos indígenas que habitaram as terras que hoje são o Brasil eram de diversas etnias: potiguares, tremembés, tamoios, guarulhos, guaranis, entre outros.

Pesquisas apontam que cerca de 6 milhões de indígenas habitavam o Brasil antes da chegada dos portugueses, em 1500.

O modo de vida desses habitantes variava de um grupo para outro. Alguns viviam da caça, da pesca e da coleta, mas não eram nômades. Outros praticavam todas essas atividades e também a agricultura.

É o caso dos tupis, por exemplo, que há mais de 500 anos cultivavam milho, mandioca, feijão, batata-doce, abóbora, entre outros produtos.

Representação de uma comunidade indígena que habitava o território do Brasil.

A vida em comunidade

Diversos estudiosos apontam que os povos indígenas viviam em grupos desde o Período Paleolítico.

Algumas comunidades se organizavam para compartilhar tudo que fosse cultivado, coletado, caçado ou pescado entre os membros do grupo.

Entre os tupis, a caça e a pesca eram tarefas masculinas, enquanto as mulheres cuidavam das roças, principalmente de mandioca. Eles praticavam uma economia de subsistência.

Carl Friedrich von Martius e Johann Baptist von Spix. *Aldeia dos índios coroados*, 1823. Litografia aquarelada, 48 cm × 67 cm.

> **Economia de subsistência** refere-se a produzir apenas o necessário para sobreviver.

Atualmente, diversos povos indígenas procuram manter o modo de vida e as tradições de seus antepassados. No entanto, para isso, muitos deles enfrentam grupos da sociedade brasileira que querem avançar sobre suas terras.

Com o objetivo de ampliar as áreas para plantação, criação de gado e outras atividades econômicas, esses grupos colocam em risco a posse da terra pelos indígenas.

1. Assinale as frases corretas sobre os indígenas que habitavam o Brasil.

    ☐ Havia cerca de 6 milhões de indígenas antes da chegada dos portugueses.

    ☐ Os povos indígenas eram todos iguais.

    ☐ Todos os povos indígenas praticavam a agricultura.

    ☐ Algumas comunidades compartilhavam o que era produzido.

Para saber mais

Milho: um dos principais produtos agrícolas do mundo

Há centenas de anos o milho é consumido por diversos povos indígenas brasileiros e de outras partes da América. Há registros do cultivo do milho de aproximadamente 7 300 anos atrás, descobertos em ilhas do litoral mexicano.

Nas terras que correspondem ao atual Brasil, o cereal era conhecido pelos indígenas como *avati*, *auati* ou *abati*, sendo usado para fazer farinha e bolinhos.

Quando os portugueses chegaram ao Brasil, eles conheceram o milho e levaram várias mudas para serem plantadas em Portugal e, depois, em países dos continentes africano e asiático.

Atualmente, o milho é cultivado em diversos países e está presente na alimentação de milhões de pessoas. Com ele é possível fazer bolo, biscoito, pamonha, curau, sorvete, entre outros alimentos.

No Brasil, há algumas variedades de milho: duro, doce e de pipoca. São mais conhecidas as variedades de milho branco e amarelo. Mas também existem variedades de milho nas cores laranja, vermelha, púrpura, azulada e até preta.

Segundo dados de pesquisa realizada pelo IBGE em 2015, a cultura do milho ocupa a segunda posição em importância na produção agrícola do Brasil.

No cenário mundial, o Brasil é o terceiro produtor mundial de milho e o segundo maior exportador mundial desse produto.

Espiga de milho amarelo em plantação. Maryland, Estados Unidos, 2014.

Variedade de espigas de milho. São Paulo, São Paulo, 2014.

1. Grife no texto a frase que aponta há quanto tempo o milho é cultivado.

2. Assinale as afirmações corretas.

☐ O milho é cultivado por diversas comunidades agrícolas há muito tempo.

☐ O milho foi trazido pelos portugueses para o Brasil em 1500.

☐ O milho é consumido por milhões de pessoas no mundo.

☐ Há muitos anos o milho é consumido somente pelos povos indígenas do Brasil.

☐ Existe uma variedade grande de milho.

3. Cite o nome de três alimentos que podem ser feitos de milho.

_____

_____

4. Qual é a importância do cultivo do milho para a agricultura brasileira?

_____

_____

_____

_____

_____

5. Com a orientação do professor, reúna-se em grupo e realize uma pesquisa sobre a utilização e importância do milho na:

- alimentação de outros animais;
- fabricação de óleos;
- conservação de produtos enlatados;
- produção de remédios.

Agricultura e escravidão

A partir de 1530, os portugueses iniciaram o processo de colonização do Brasil. Nesse período eles começaram a produzir açúcar no litoral da atual Região Nordeste, principalmente onde hoje se situam os estados da Bahia e de Pernambuco.

O açúcar era um produto de alto valor e, na época, cada vez mais consumido na Europa. Cultivar cana-de-açúcar no Brasil e comercializá-la na Europa era lucrativo para os portugueses.

Nas plantações de cana foi usado o trabalho escravo de indígenas e africanos. Além das fases de plantação e colheita, os escravizados trabalhavam na produção e no transporte do açúcar até os portos, de onde seria enviado para Europa.

O trabalho no engenho era cansativo e durava muitas horas diárias.

Engenho era a propriedade açucareira que incluía plantação, capela, casa-grande, senzala e o local onde era produzido o açúcar.

1. Canavial: grande plantação de cana. A cana era cortada e transportada do canavial até a casa de engenho.
2. Casa de engenho: lugar em que a cana era moída para a extração do caldo, que depois era cozido e transformado em açúcar.
3. Casa-grande: residência do fazendeiro, também chamado de senhor de engenho, e de sua família.
4. Senzala: lugar no qual os escravos dormiam.
5. Casas dos empregados: lugares em que viviam os trabalhadores livres.
6. Capela: construção na qual eram realizadas as festas e cerimônias católicas, como batismos e missas.

A produção do açúcar passava por várias etapas: a cana era cultivada, cortada e moída. O caldo da cana era levado em tachos para ser fervido em fornos e depois colocado em fôrmas para esfriar. Desse modo, ficava pronto o açúcar em barras de rapadura.

1. Observe as imagens e numere-as de acordo com cada etapa de produção do açúcar.

Ilustrações: Milton Rodriduez

Do passado para o presente

A agricultura continua sendo uma atividade muito importante para a vida das pessoas.

Há milhões de agricultores que cultivam frutas, legumes, verduras e grãos que alimentam mais de 7 bilhões de pessoas no mundo.

Para alimentar tanta gente, as técnicas de produção agrícola passaram por diversas transformações, que as aperfeiçoaram ao longo do tempo.

No Brasil, atualmente, existem diversas técnicas de produção agrícola. Você conhece algumas delas?

Observe as imagens e leia as legendas:

Trator em colheita de arroz. Tremembé, São Paulo, 2017.

Agricultores em colheita de uva. Petrolina, Pernambuco, 2016.

Plantação de frutas e verduras. Paulo Lopes, Santa Catarina, 2016.

1. Quais são as diferenças entre as imagens 1 e 2?

_____
_____
_____

2. Quais são as semelhanças entre as imagens 2 e 3?

_____
_____
_____

As comunidades do campo no Brasil atual

As chamadas comunidades do campo são formadas por trabalhadores agrícolas e criadores de aves, suínos e gado.

No Brasil, além dessas, existem outras comunidades desse tipo. Observe as imagens e conheça duas delas.

Pescadores de comunidade ribeirinha puxam rede de pesca. Rio Negro, Amazonas, 2017.

Coleta de pequi em comunidade extrativista. Januária, Minas Gerais, 2017.

1. Você conhece o trabalho desenvolvido por alguma dessas comunidades?

    ☐ Sim. ☐ Não.

2. Se a resposta da questão anterior for sim, qual?

    _____

3. Qual é a semelhança entre as comunidades ribeirinhas e as extrativistas?

    _____
    _____

4. Você e sua família costumam consumir algum produto produzido por essas comunidades? Anote sua resposta e compartilhe-a com os colegas e o professor.

    _____
    _____

79

Giramundo

Ainda há fome

Em todas as comunidades agrícolas, os instrumentos foram importantes para a produção de alimentos.

No entanto, mesmo com as novas técnicas e uma grande produção, a fome é um problema que ocorre em quase todos os continentes.

Frutas e legumes em barracas de feira livre. Lençóis, Bahia, 2016.

Homem coleta alimento descartado como lixo. São Paulo, São Paulo, 2017.

De que forma a fome pode afetar o ser humano?

A falta de alimento com valor nutritivo causa no ser humano um problema chamado desnutrição.

Sem os nutrientes necessários, o ser humano passa a ter problemas como perda de peso, perda de capacidade de comando do corpo (uma vez que o cérebro também é afetado), tontura, enjoo, diarreia, pneumonia, dificuldade de raciocínio, entre outros sintomas.

Somados todos esses fatores e a persistência da fome, pode ocorrer óbito. As crianças costumam ser as mais afetadas por todo esse processo.

Mas por que isso ocorre? Será que há falta de alimento?

Pesquisas recentes afirmam que o problema da fome não está relacionado à produção, mas sim à má distribuição e ao desperdício de alimentos.

Toneladas de comida vão para o lixo anualmente em todas as regiões do mundo, e metade desse desperdício ocorre na fase inicial da produção: manipulação, pós-colheita e armazenagem. O restante acontece nas fases de processamento, distribuição e consumo.

1. Quais são as consequências da fome para o ser humano?

_____

_____

_____

_____

_____

_____

2. Podemos afirmar que a fome é um problema de produção de alimentos? Por quê?

_____

_____

_____

Retomada

1. Relacione as frases de maneira que elas se complementem.
   a) Comunidades agrícolas do Neolítico.
   b) Comunidades de camponeses do Egito Antigo.
   c) Diversos povos indígenas que habitavam o Brasil antes da chegada dos portugueses.
   d) Africanos escravizados.

   ☐ Caçavam, pescavam, coletavam e conheciam a agricultura.

   ☐ Aproveitavam o sistema de cheias do Rio Nilo para a produção agrícola.

   ☐ Trabalhavam em todas as etapas da produção do açúcar.

   ☐ Desenvolveram a agricultura há cerca de 12 mil anos.

2. Reescreva as frases abaixo corrigindo o que está incorreto.
   a) Não havia contribuição dos agricultores no Egito Antigo.
   _____
   _____
   _____
   _____

   b) O comércio era a principal atividade do Egito há 20 mil anos.
   _____
   _____
   _____
   _____
   _____

3. Marque um **X** nos itens que correspondem às tarefas executadas pelos africanos escravizados na produção de açúcar durante a colonização do Brasil.

☐ plantação da cana-de-açúcar

☐ negociação da cana-de-açúcar com outros fazendeiros

☐ moagem da cana-de-açúcar e extração do caldo

☐ corte da cana-de-açúcar

☐ venda do açúcar nos mercados da Europa

4. Cite duas formas de produção agrícola utilizadas no Brasil atualmente.

_____

5. Complete o diagrama com palavras que se referem às atividades praticadas pelas comunidades do campo.

1. Ato de colher produtos agrícolas.
2. Atividade relacionada a apanhar peixes na água.
3. Atividade baseada no cultivo da terra, lavoura.
4. Colheita de produtos naturais não cultivados.
5. Atividade relacionada a animais.
6. Atividade baseada na extração de produtos da natureza.

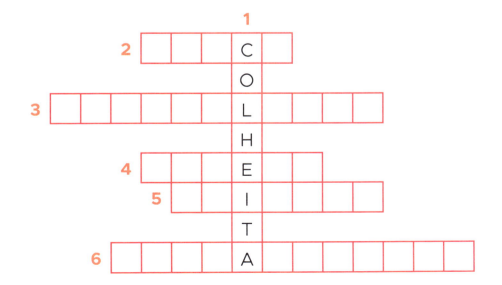

Periscópio

📖 Para ler

Aprendendo a plantar, de Célia Siqueira. São Paulo: Nobel, 2007.

Por meio de divertidas ilustrações, você conhecerá as plantas, como elas crescem, quais delas podemos comer etc., além do processo de plantio e cuidados com os produtos. Assim, você verá que o cultivo e a interação com a terra também podem ser uma divertida brincadeira.

O skatista e a ribeirinha: encontro da cidade com a Floresta Amazônica, de Ricardo Dreguer. São Paulo: Moderna, 2009.

Nesse livro você conhecerá Paulo, um garoto da capital paulista que se muda com a mãe para a Amazônia. Ele conhece toda a diversidade cultural do local na companhia de uma nova amiga, a ribeirinha Flávia.

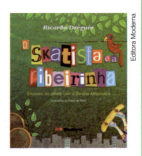

👆 Para acessar

Ciência hoje das crianças – Um pulo no Egito: nesta página você dará um pulo no Egito Antigo para conhecer um pouco melhor o processo de trabalho na construção das famosas pirâmides egípcias e entender como essas informações foram descobertas por arqueólogos em 2010. Disponível em: <http://chc.org.br/para-comecar-um-pulo-no-egito>. Acesso em: 2 maio 2018.

UNIDADE 5
O comércio e as primeiras cidades

1. Utilize os símbolos matemáticos de mais (**+**) ou menos (**-**) e marque as formas de comércio que você e sua família utilizam com mais ou menos frequência.

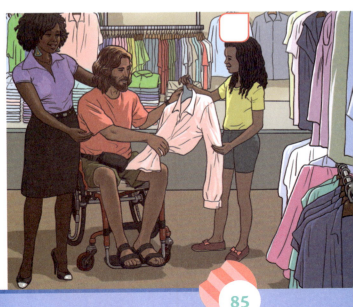

Ilustrações: Rodval Matias

Mudanças e permanências

O modo de vida das diferentes sociedades muda com o tempo.

Essas mudanças podem ocorrer em função de diversos fatores, como novas descobertas tecnológicas, necessidades econômicas, migrações, conflitos sociais, guerras, alterações climáticas e ambientais, entre outros.

Ao mesmo tempo que ocorrem as mudanças, há vários elementos que permanecem. Podemos identificar essas permanências em algumas tradições, hábitos e costumes.

Observe as imagens e leia as legendas:

Indígenas xavantes em ritual transmitido por seus antepassados. Mato Grosso, 2016.

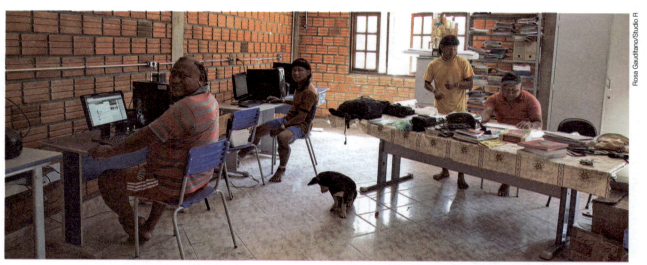

Indígenas xavantes utilizam recursos das novas tecnologias em suas atividades. Mato Grosso, 2016.

1. Reúna-se com um colega e, juntos, descrevam as mudanças e as permanências no modo de vida do povo xavante retratado nas imagens.

_____

_____

_____

2. Converse com seus familiares sobre o que mudou e o que permaneceu no modo de vida de sua família após seu nascimento. Registre a resposta no espaço a seguir.

_____

_____

3. A escola onde você estuda sempre teve as mesmas características? Converse com os funcionários e pergunte o que mudou desde que eles começaram a trabalhar na escola. Anote essas informações e compartilhe-as com os colegas e o professor.

_____

_____

4. Com a orientação do professor, pesquise em jornais antigos de seu bairro fotografias que mostrem como era a rua onde sua escola está localizada. Depois, fotografe a rua atualmente. Compare as imagens e descreva as mudanças e as permanências.

_____

_____

_____

As mudanças nas primeiras comunidades agrícolas

Você já sabe que a sedentarização foi a principal mudança no modo de vida das primeiras comunidades agrícolas. Em decorrência dela, outras mudanças importantes aconteceram.

Sabe também que diversas habilidades foram aperfeiçoadas e outras se desenvolveram ao longo do tempo. As fibras vegetais, por exemplo, eram utilizadas para fazer o fio de linho. Já com o pelo dos animais, as pessoas aprenderam a fazer a lã. Tanto o linho como a lã foram importantes para a confecção das roupas.

Com o trigo produziam o pão, e o domínio do fogo possibilitou a construção de fornos, onde esse pão era assado. O uso do fogo propiciou também o derretimento de metais utilizados na confecção de diversos instrumentos e ferramentas, como panelas, agulhas, machados, facas e pregos, entre outros.

Cabeça de martelo (à esquerda) e machado (à direita) produzidos há mais de 4 mil anos durante o Período Neolítico.

Ao misturar argila e água, modelavam utensílios domésticos usados para armazenar e cozinhar os alimentos.

Dessas mudanças também surgiram diversas atividades realizadas pelos agricultores e artesãos: alguns eram responsáveis por produzir tecidos; outros, utensílios de argila ou cerâmica; e ainda havia os que produziam instrumentos de metal.

Reconstituição de um forno do Período Neolítico. Alemanha, 2010.

1. O que mudou nas atividades realizadas pelas primeiras comunidades agrícolas?

_____

_____

2. Quais mudanças ocorreram no modo de vida das primeiras comunidades após a sedentarização?

- ☐ Confecção de roupas.
- ☐ Confecção de relógios.
- ☐ Construção de fornos.
- ☐ Construção de rodovias.
- ☐ Confecção de ferramentas de metal.

3. Observe os utensílios domésticos em sua casa. Registre no espaço a seguir de que material três deles são feitos.

_____

_____

_____

4. Converse com os colegas e o professor sobre quais materiais são usados atualmente na produção de utensílios domésticos. Depois, comparem os utensílios atuais com os produzidos nas primeiras comunidades agrícolas identificando semelhanças e diferenças. Registre as respostas no espaço a seguir.

_____

_____

_____

_____

As primeiras cidades

A sedentarização, o surgimento das aldeias e as mudanças na vida cotidiana causaram o aumento da população e estimularam o desenvolvimento de várias cidades.

As cidades mais antigas de que se tem registro se localizam em uma área que ficou conhecida como Crescente Fértil.

> **Crescente Fértil** é como ficou conhecida a região que vai do atual Egito até o sul da Turquia. Ela recebeu essa denominação porque, em uma região de terrenos difíceis para produção agrícola, essa área se destacava por seus terrenos férteis.

Crescente Fértil

Fonte: Jeremy Black (Ed.). *World History Atlas*. Londres: Dorling Kindersley, 2008. p. 220.

As cidades que mais cresceram e se desenvolveram nesse período foram as localizadas próximas aos rios. Eles contribuíram para o aumento da produção agrícola e para o abastecimento de água das populações urbanas.

Para aproveitar a água dos rios, as comunidades que moravam nessas cidades criaram canais de irrigação e outras ferramentas que possibilitaram o desenvolvimento da agricultura.

1. Qual é a importância histórica da região conhecida como Crescente Fértil?

   _____

2. De acordo com o texto, qual era a relação entre os seres humanos e os rios nas primeiras cidades? Converse com os colegas e o professor.

90

As trocas de produtos nas primeiras cidades

Nas primeiras cidades, o aprimoramento dos artesãos e a aplicação de novas técnicas agrícolas possibilitaram aumento na produção de alimentos e do artesanato, que superou o número de habitantes. Como a produção era maior que o consumo, gerava-se **excedente**.

Com o tempo, os moradores dessas cidades perceberam que era possível guardar o excedente de alimentos para consumi-lo nos intervalos de tempo entre as colheitas.

Além disso, notaram que podiam trocar o excedente de um produto agrícola – trigo, por exemplo – por outro não cultivado ou por outros gêneros necessários. Podiam, ainda, trocar alimentos por produtos como sal, ferramentas de trabalho, embarcações etc.

As trocas de um produto por outro foram importantes para o desenvolvimento do comércio.

Excedente: o que é produzido em excesso, aquilo que sobra.

Representação de duas comunidades neolíticas realizando trocas.

1. Qual foi a importância do aumento da produção de alimentos e do artesanato nas primeiras cidades?

_____

_____

_____

O comércio

As primeiras trocas de produtos deram origem a uma nova **atividade**: o comércio. Mas o que é comércio?

Observe as imagens:

Pessoas observam roupas em lojas. Rio de Janeiro, Rio de Janeiro.

Mulheres compram frutas em barraca. Abidjã, Costa do Marfim.

Pessoas compram e vendem livros usados em bancas de rua. Lviv, Ucrânia.

Homem escolhe vagem em supermercado. Hanói, Vietnã.

Atualmente, milhões de pessoas no mundo consomem alimentos, roupas, medicamentos, brinquedos e diversos outros produtos que são vendidos em mercados, lojas, farmácias, feiras etc.

A venda e a compra de produtos é o que chamamos de comércio.

1. Qual dos produtos retratados nas imagens sua família mais consome?

_____

2. Quais outros produtos vocês costumam adquirir no comércio?

_____

3. Qual elemento as pessoas mais utilizam para adquirir um produto?

_____

93

O comércio nas primeiras cidades

Nas primeiras cidades, a atividade comercial acontecia em espaços públicos onde os comerciantes costumavam se encontrar. Esses espaços foram crescendo e receberam o nome de mercado.

Há mais de 2 mil anos, os produtos começaram a ser trocados por moedas.

Elas eram confeccionadas com ouro, prata ou bronze e o valor atribuído a elas variava de acordo com o metal usado para sua fabricação.

As moedas tinham formas arredondadas, parecidas com as moedas que utilizamos atualmente, e traziam impressos selos de deuses ou reis, que serviam para autenticar seu valor.

Moeda de prata fenícia feita há mais de 2 mil anos.

Moeda de prata ateniense feita há mais de 2 mil anos.

A princípio, as moedas eram utilizadas principalmente para pagamento de multas e taxas. Com o tempo, passaram a ser usadas também na aquisição de produtos.

A utilização de moedas na compra e venda de produtos contribuiu para uma nova etapa da atividade comercial, em que o dinheiro passou a ser um dos principais elementos.

1. De acordo com o texto, em qual local acontecia a atividade comercial nas primeiras cidades?

   _____

2. Qual local concentra a maior parte das atividades comerciais de seu município? Descreva esse lugar.

   _____

   _____

3. Qual das moedas retratadas nas imagens mais se parece com as utilizadas no Brasil atualmente? Converse com os colegas e o professor.

Isto é documento

O papel-moeda

As primeiras **cédulas** de dinheiro datam de mais de mil anos atrás e são da região que corresponde à China atual.

> **Cédula:** pequena folha de papel usada como moeda, papel-moeda, nota.

A partir do século XIX, o Brasil passou por um crescimento econômico que exigiu o aumento da distribuição de dinheiro. Foi preciso então emitir moedas em maior quantidade.

Assim, o papel como moeda de troca foi aos poucos tomando o lugar das moedas, pois era mais fácil carregar valores altos em papel do que em moedas de metal, como era o costume até então.

Cédula de cruzeiro.

Cédula de cruzeiro novo.

Cédula de cruzado.

Cédula de cruzeiro real.

Cédula de real.

1. Quais elementos são retratados em cada imagem?

_____

2. Circule o elemento principal, comum a todas as cédulas.

3. Quais são as diferenças entre a primeira e a última imagem?

_____

_____

_____

Rotas comerciais

Desde as trocas comerciais nas primeiras cidades, os produtos percorrem diversos caminhos para chegar ao consumidor, aos mercados e às lojas. Esses caminhos, em diferentes tempos, são conhecidos como rotas comerciais.

Atualmente, os produtos vendidos no comércio utilizam diferentes rotas. Muitos deles são transportados por vias terrestres, como estradas, ferrovias, ruas e avenidas. Outros utilizam rotas fluviais, por grandes ou pequenos rios, e marítimas, pelos mares e oceanos. Há também aqueles que são transportados por rotas aéreas.

Caminhão trafega em rodovia. Piraí, Rio de Janeiro, 2017.

Navio cargueiro na Baía de Guanabara. Rio de Janeiro, Rio de Janeiro, 2016.

Locomotiva em malha ferroviária. São Roque, São Paulo, 2015.

Avião de carga em aeroporto. Campinas, São Paulo, 2016.

Nas primeiras cidades, as rotas utilizadas para chegar aos mercados eram as terrestres e as fluviais.

Em rotas terrestres, as mercadorias eram transportadas por veículos puxados por animais ou por pessoas a pé. Já em rotas fluviais, eram utilizadas embarcações de pequeno porte.

1. Observe o mapa e faça o que se pede.

Feiras comerciais (século XVIII)

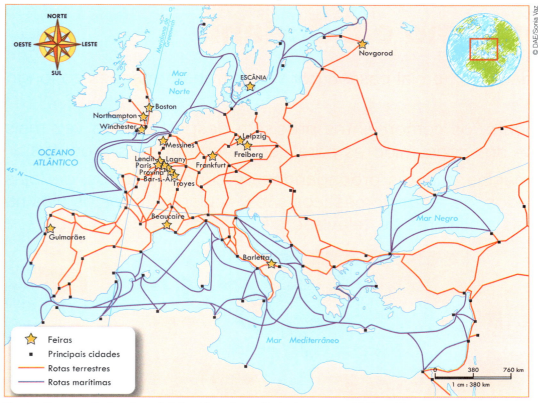

Fonte: Georges Duby. *Grand Atlas Historique*. Paris: Larousse, 2011. p. 55.

- Localize no mapa a região do Mar Mediterrâneo. De que maneira o comércio se realizava nessa região?

_____

2. Com a ajuda do professor, você e os colegas identificarão as rotas percorridas por algum dos alimentos que consomem. Para fazer a pesquisa, vocês irão:

  1. escolher um estabelecimento que comercialize alimentos;
  2. selecionar um alimento e perguntar ao responsável pelo estabelecimento:
   - Qual é a região de origem do alimento?
   - Qual é o caminho pelo qual ele é transportado até chegar ao estabelecimento?
   - Qual é o meio de transporte utilizado na entrega desse alimento?

Construir um mundo melhor

🔸 Consumo e cidadania

A atividade comercial passou por várias transformações ao longo do tempo.

Atualmente, os comerciantes precisam despertar cada vez mais o interesse dos consumidores para que comprem seus produtos.

Você imagina quantas propagandas de supermercados, de lojas de brinquedos, de eletrodomésticos são veiculadas todos os dias na internet, nas emissoras de televisão e no rádio?

Representação de rua comercial com lojas e propagandas.

As propagandas sempre mostram os melhores aspectos dos produtos. Mas o que acontece quando compramos produtos e eles apresentam defeitos? Ou quando não há prazo de validade nas embalagens dos alimentos? Quem protege o consumidor brasileiro de situações como essas?

Em 1990 foi aprovado no Brasil o Código de Defesa do Consumidor. Nesse **código**, há leis e regras que garantem os direitos do consumidor em várias áreas, como alimentação, telefonia, transporte, saúde, energia, brinquedos, eletrodomésticos, entre outras.

Código: conjunto organizado de leis.

Por exemplo, quando o consumidor compra alimentos, todas as informações sobre quantidade, ingredientes, preço, origem, validade e lote devem estar registradas nas embalagens para que ele saiba o que está consumindo.

1. Com a ajuda do professor, você e os colegas consultarão o Capítulo III do Código de Defesa do Consumidor para descobrir quais informações o fabricante deve inserir no produto. Conversem sobre os itens que vocês consideram mais importantes.

2. Agora, com a ajuda de um familiar, selecione um alimento que tenha em casa. Recorte ou fotografe a embalagem e cole-a no espaço abaixo.

- Verifique se as informações da embalagem estão de acordo com o Código de Defesa do Consumidor. Anote suas descobertas.

_____
_____
_____

3. Compartilhe com os colegas e o professor os resultados de sua pesquisa e ouça a resposta deles. Caso tenha ocorrido violação dos direitos do consumidor, elaborem uma carta com o auxílio do professor e a encaminhem para a empresa que fabrica o produto, sinalizando os problemas identificados.

Retomada

1. As imagens abaixo estão relacionadas aos produtos excedentes nas primeiras cidades. Elabore uma legenda para cada uma delas.

Ilustrações: Carlos Caminha

_____   _____
_____   _____
_____   _____
_____   _____
_____   _____
_____   _____

2. Qual é a relação entre a sedentarização e as mudanças ocorridas nas primeiras comunidades agrícolas?

_____
_____
_____
_____

3. Complete as frases ligando-as às palavras da segunda coluna.

a) A troca de um produto pelo outro representou o início da

b) O comércio entrou em uma nova etapa com a utilização da

c) O uso da água dos rios pelas pessoas que viviam nas cidades contribuiu para o aumento da

moeda.

produção agrícola.

atividade comercial.

4. Observe as imagens e leia as legendas. Depois verifique, em um mapa, onde estão localizados os países em que esses produtos são fabricados. Por fim, assinale as possíveis rotas que os produtos utilizarão para chegar ao Brasil.

☐ rota terrestre

☐ rota marítima

☐ rota fluvial

☐ rota aérea

Trabalhadora em fábrica de *smartphone*. Indonésia, 2016.

☐ rota terrestre

☐ rota marítima

☐ rota fluvial

☐ rota aérea

Trabalhadores em fábrica de chocolate. Colômbia, 2017.

Periscópio

📖 Para ler

Egito Antigo e Mesopotâmia para crianças, de Marian Broida. São Paulo: Jorge Zahar Editor, 2002.
O livro apresenta elementos da cultura e do cotidiano das primeiras cidades que persistem até os dias atuais. Você também poderá criar suas próprias roupas e outros utensílios inspirados nos do Egito Antigo e da Mesopotâmia.

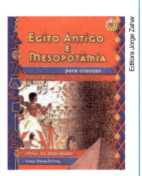

Egito Antigo, de Stewart Ross. São Paulo: Companhia das Letrinhas, 2005.
Nessa interessante história em quadrinhos, você conhecerá as cidades que surgiram ao redor do Rio Nilo e ajudará os personagens do livro a desvendar um misterioso crime.

Dinheiro compra tudo? Educação financeira para crianças, de Cássia D'Aquino. São Paulo: Moderna, 2016.
No livro há informações sobre o local em que o dinheiro é fabricado, os diferentes tipos de moeda e o dinheiro de outros lugares do mundo. Além disso, você aprenderá diversas brincadeiras relacionadas ao dinheiro para se divertir com os amigos.

👆 Para acessar

Origem e evolução do dinheiro: no *site* você conhecerá as diferentes formas de trocas comerciais que ocorrem desde a Antiguidade, bem como os diferentes formatos do dinheiro.
Disponível em: <www.bcb.gov.br/htms/origevol.asp>. Acesso em: 2 maio 2018.

As cidades e o tempo

1. Observe as imagens e circule com sua cor preferida as transformações que você identifica na cidade.

As cidades hoje

As cidades, assim como o modo de vida das comunidades, mudam com o tempo. Essas mudanças podem estar relacionadas a aspectos naturais, econômicos ou às tradições culturais de sua população.

As mudanças naturais acontecem, por exemplo, nas áreas litorâneas quando o vento carrega os grãos de areia, que formam montes chamados dunas.

Vista das dunas da Praia de Genipabu. Extremoz, Rio Grande do Norte, 2017.

Já as mudanças feitas por seres humanos podem incluir diversos motivos, entre eles, a derrubada de árvores para a construção de moradias, a criação de gado e a ampliação de plantações.

Ponte construída sobre o Rio Mgeni. Durban, África do Sul, 2017.

A manutenção de algumas tradições culturais também pode contribuir para a mudança das cidades. Uma festa tradicional, por exemplo, o Carnaval, que atrai muitos turistas, necessita de infraestrutura, como pavimentação de ruas, construção de hotéis etc.

Vista aérea do Sambódromo da Marquês de Sapucaí. Rio de Janeiro, Rio de Janeiro, 2017.

1. Converse com os colegas e o professor e responda:
   a) Quais cidades representadas nas imagens vocês conhecem? Se não as conhecem, já ouviram falar de algumas delas?
   b) A cidade onde vocês moram sofreu alguma mudança devido a um dos motivos citados no texto? Se sim, qual?

2. Reúna-se com um colega e, juntos, comparem os elementos observados em cada cidade retratada nas imagens com os elementos presentes na cidade em que vocês moram. Registrem as comparações no quadro.

Elementos da minha cidade retratados nas imagens	Elementos da minha cidade não retratados nas imagens

3. Com a ajuda do professor, reúnam-se em grupos e pesquisem fotografias antigas da cidade onde vocês moram no *site* da prefeitura ou da Secretaria de Cultura e descubram quais mudanças ocorreram no centro da cidade desde a data da fotografia até os dias atuais. Registrem o resultado no caderno.

Permanências nas cidades

Mesmo com o passar do tempo, alguns elementos permanecem nas cidades.

Essas permanências são diversificadas e podem ser observadas em diferentes aspectos da cidade, de construções a atividades econômicas importantes, por exemplo, o turismo.

As imagens a seguir mostram a cidade de Roma, capital da Itália. Nelas é possível perceber o que permaneceu na cidade apesar da passagem do tempo.

Observe:

Maquete que representa o Coliseu, construído há mais de 1500 anos.

Vista aérea do Coliseu. Roma, Itália, 2014.

1. Identifique nas imagens a construção que permaneceu em Roma ao longo do tempo. Descreva o formato dessa construção.

_____

_____

2. A construção que permaneceu sofreu modificações? Explique.

_____

_____

3. Com a ajuda do professor, pesquise a importância histórica dessa construção para a cidade de Roma. Registre suas descobertas no caderno.

4. Com a orientação do professor, pesquise qual é a construção mais antiga de sua cidade que permanece até hoje. Depois, responda às perguntas.

a) Qual é o nome dessa construção e onde está localizada?

_____

_____

b) Qual era a utilidade dela na época em que foi construída e qual é a utilidade dela atualmente?

_____

_____

_____

_____

_____

_____

_____

_____

Os modos de vida nas cidades

Você já sabe que as cidades são diferentes, não é mesmo?

Há cidades como São Paulo, com mais de 12 milhões de habitantes, e outras como Caruaru, uma cidade do estado de Pernambuco com cerca de 350 mil habitantes.

Há cidades litorâneas e outras localizadas próximas aos rios; cidades reconhecidas como patrimônios históricos, outras caracterizadas pela concentração de indústrias.

As diferenças entre as cidades também podem ser observadas no modo de vida de seus moradores.

Observe as imagens e leia as legendas:

Mercado de peixes. Manaus, Amazonas, 2017.

Praça com lojas comerciais. Pesqueira, Pernambuco, 2013.

Trânsito de veículos em avenida. São Paulo, São Paulo, 2016.

Embarcações em porto fluvial. Manaus, Amazonas, 2016.

1. Quais elementos podem ser utilizados para explicar o modo de vida das pessoas que residem em cada uma das cidades retratadas nas imagens?

- Imagem 1: _____

- Imagem 2: _____

- Imagem 3: _____

- Imagem 4: _____

2. Escolha uma das imagens e, no caderno, escreva um texto para explicar como você imagina ser o modo de vida das pessoas na cidade retratada. Utilize as legendas como ponto de partida para a criação de seu texto.

3. Como é o modo de vida das pessoas na cidade onde você mora?

_____

_____

_____

4. Que outros aspectos do modo de vida das pessoas da cidade em que você mora não estão representados nas imagens?

_____

_____

_____

_____

5. Com auxílio de um adulto, acesse o *site* da prefeitura do município em que você mora, localize a página com a história do lugar e identifique o local de origem das pessoas que participaram de sua formação. Em seguida, pesquise quais são as comidas típicas desse lugar e compare-as com os pratos típicos que fazem parte da culinária de sua cidade. Registre suas descobertas no caderno.

◆ Lazer nas cidades

Como você e sua família descansam ou se divertem nas horas de lazer?

As pessoas que vivem nas cidades, geralmente, realizam diversas atividades. Muitas delas trabalham e estudam.

Em grandes cidades, milhares de pessoas saem de casa para o trabalho pela manhã e só retornam no fim do dia. Outras estudam no período noturno.

É comum, em algumas cidades menores, as pessoas saírem para trabalhar no período da manhã, retornarem para casa na hora do almoço e voltarem a trabalhar no período da tarde.

Depois do trabalho e do estudo, muitas pessoas descansam ou se divertem nas horas de lazer.

O lazer é importante para a vida humana, pois é um dos momentos em que as pessoas descansam, divertem-se praticando esportes, lendo, brincando etc.

Pessoas em momentos de lazer em parque. Curitiba, Paraná, 2016.

Pessoas praticam esportes em orla da praia. Rio de Janeiro, Rio de Janeiro, 2016.

Pessoas ouvem música em praça. São Paulo, São Paulo, 2017.

Pessoas dançam em apresentação de frevo. Olinda, Recife, 2015.

1. Qual é o conceito de lazer de acordo com o texto?

2. Identifique nas imagens as diferentes formas de lazer das pessoas que moram nas cidades.

3. Quais outras formas de lazer você conhece que não estão representadas nas imagens?

4. Grife no texto um trecho relacionado ao modo de vida das pessoas que moram nas cidades.

Para saber mais

O Rio de Janeiro no Período Colonial

Segundo os historiadores, navegadores portugueses chegaram pela primeira vez à região que hoje chamamos Rio de Janeiro em 1º de janeiro de 1502.

Assim que chegaram, avistaram a Baía de Guanabara e, como achavam que fosse a foz de um rio, chamaram o lugar de Rio de Janeiro.

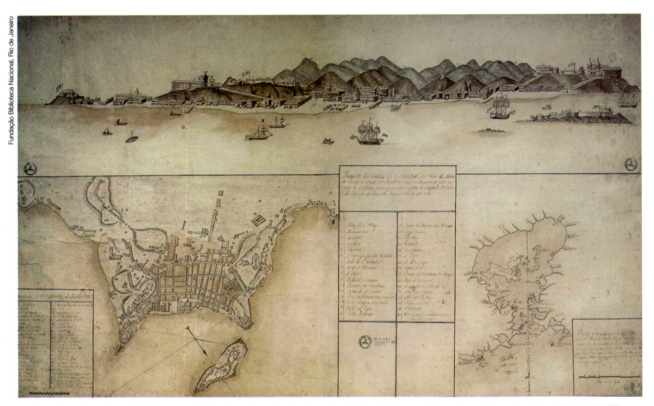

Luís dos Santos Vilhena. *Planta da cidade de São Sebastião do Rio de Janeiro*, 1775. Em 1763, o Rio de Janeiro tornou-se a segunda capital do Brasil. A primeira foi a cidade de Salvador, na Bahia.

O Rio de Janeiro passou por várias transformações desde sua fundação. Durante os séculos XVI e XVII, a cidade era pequena e tinha poucos moradores, que viviam principalmente da agricultura, da pesca e do comércio local.

Em 1808, a chegada da família real portuguesa alterou completamente aspectos da paisagem e do cotidiano de seus habitantes. O comércio intensificou-se e a população da cidade aumentou.

A cidade não tinha casas para acomodar todos os membros da Corte, gerando uma crise habitacional. Por ordem do príncipe real, Dom João, vários moradores foram despejados e suas casas ocupadas pelos portugueses.

Durante o período que permaneceu no Rio de Janeiro, Dom João iniciou uma série de reformas na cidade e fundou várias instituições, entre elas, o Banco do Brasil, a Biblioteca Nacional e o Jardim Botânico.

Johann Moritz Rugendas. *Rua Direita – Rio de Janeiro*, 1835. Gravura.

1. Cite as mudanças ocorridas na cidade do Rio de Janeiro após a chegada da família real.

_____
_____
_____
_____

Leio e compreendo

A construção de uma cidade

Você sabia que a cidade de Brasília foi construída em quatro anos? Vamos descobrir de que forma foi realizada essa construção!

Leia os textos a seguir.

Brasília: cidade planejada

Um milhão de **cruzeiros**. Esse foi o prêmio prometido pelo governo brasileiro ao vencedor do concurso para escolha do melhor projeto do plano-piloto de Brasília, em 1956.

[...]

[...] o grande vencedor foi o projeto de Lúcio Costa. [...].

A ideia básica você já deve conhecer: o traçado de Brasília lembra o formato de um avião, com duas asas (a norte e a sul),

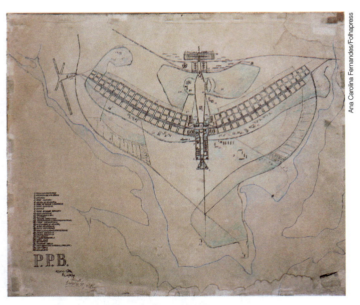

Plano Piloto de Brasília, 1957.

onde ficam as áreas residenciais e um eixo monumental, que é a área do público, onde se concentram edifícios importantes projetados pelo arquiteto Oscar Niemeyer, como o Congresso Nacional (Câmara e Senado) e o palácio do Governo Federal.

A rodoviária e a Torre de TV ficam bem no centro. [...] No projeto original, Lúcio Costa eliminou cruzamentos de ruas para evitar engarrafamentos no trânsito e projetou prédios residenciais construídos sobre **pilotis** para que as pessoas pudessem circular livremente.

[...]

Brasília: cidade planejada. *Plenarinho*, 23 fev. 2017. Disponível em: <https://plenarinho.leg.br/index.php/2017/02/23/brasilia-cidade-planejada>. Acesso em: 2 maio 2018.

Brasília, 55 anos, cidade em construção

[...]

A cidade que nasceu da ousadia de Juscelino Kubitschek e do trabalho de milhares de candangos (operários vindos de todas as partes do país) cresceu e hoje tem pela frente desafios **inerentes** aos grandes centros urbanos. O crescimento desordenado, o transporte público ineficiente e os congestionamentos devido ao grande número de carros são alguns desses problemas.

Em 1957 [...] o Plano Piloto (região central da cidade) deveria abrigar até 500 mil habitantes. Atualmente, [abriga] cerca de 2,8 milhões de habitantes. [...]

[...]

Vista aérea da cidade de Brasília, Distrito Federal, 2016.

> **Cruzeiro:** neste caso, moeda brasileira que circulou de 1942 até 1967.
> **Inerente:** que é característico de algo ou alguém.
> **Piloti:** pilastra de sustentação de um edifício.

Ana Cristina Campos e Michele Canes. Brasília, 55 anos, cidade em construção. *Agência Brasil*. Disponível em: <http://conteudo.ebc.com.br/agencia/bsb55/index.html>. Acesso em: 2 maio 2018.

1. De acordo com o primeiro texto, como a cidade de Brasília foi planejada? Converse com os colegas e o professor.

2. De acordo com o segundo texto, quais são os principais problemas da cidade de Brasília atualmente?

_____

_____

3. Reúna-se com dois colegas e façam uma pesquisa, em jornais, revistas, livros ou internet, sobre os candangos. Qual foi a importância desses trabalhadores para a cidade de Brasília? O que aconteceu com eles após o término das obras? Registrem a pesquisa em uma folha avulsa e apresentem-na à turma.

Giramundo

Desafios urbanos

A moradia é um direito humano que deve ser assegurado a todas as pessoas.

O direito à moradia inclui a casa e alguns serviços, como segurança, energia, água e esgotos tratados, coleta de lixo etc.

Um dos problemas enfrentados pelas cidades brasileiras é a falta de moradia. Milhões de pessoas que vivem nas cidades não têm esse direito assegurado.

Sem recursos financeiros, muitas pessoas procuram alternativas para enfrentar a falta de moradia ocupando morros, terrenos ou prédios abandonados.

De acordo com as pesquisas feitas pelo Instituto Brasileiro de Geografia e Estatística (IBGE), cerca de 11 milhões de pessoas no Brasil moram em áreas consideradas de risco. São pessoas que residem em moradias inadequadas, sem esgotamento sanitário, coleta de lixo etc.

Esse número de pessoas evidencia que a falta de moradia adequada é uma entre várias outras desigualdades sociais brasileiras.

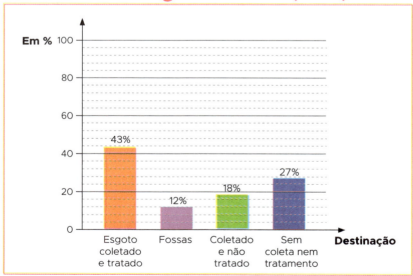

Tratamento de esgoto no Brasil (2017)

Fonte: *Atlas esgotos: despoluição de bacias hidrográficas*. Brasília: ANA, 2017. Disponível em: <http://atlasesgotos.ana.gov.br/>. Acesso em: 2 maio 2018.

116

1. De acordo com o texto, o que é área de risco?

_____

_____

_____

_____

2. Qual é a relação entre os dados do IBGE e as desigualdades sociais no Brasil?

_____

_____

_____

3. Na cidade onde você mora há pessoas que residem em áreas de
risco? Como são essas áreas?

_____

_____

4. Em quase todas as cidades brasileiras há um serviço público chamado Defesa Civil. Reúna-se com os colegas e,
com a ajuda do professor, façam uma pesquisa no *site* da
prefeitura de sua cidade para responder às perguntas a seguir.

a) Há serviço de Defesa Civil na sua cidade?

☐ Sim. ☐ Não.

b) Quais atividades esse serviço presta à população, principalmente para quem mora nas áreas de risco?

_____

_____

_____

_____

Retomada

1. Cite alguns motivos para as mudanças nas cidades.

_____
_____
_____
_____
_____

2. Em sua opinião, o lazer é importante para a vida das pessoas? Justifique.

_____
_____
_____
_____
_____

3. Pinte a moldura das imagens que retratam formas de lazer.

Alunos em sala de aula. Sobral, Ceará, 2013.

118

Crianças brincam em rio. Guarujá, São Paulo, 2014.

Pessoas assistem a filme em sala de cinema. Tessalônica, Grécia, 2017.

Trabalhadores em canteiro de obras. Salvador, Bahia, 2017.

119

Periscópio

📖 Para ler

A cidade ao longo dos tempos, de Peter Kent. Barueri: Zastras, 2010.

O livro mostra como diversas cidades em diferentes lugares do mundo foram se desenvolvendo ao longo de 10 mil anos. Além disso, você conhecerá vários tipos de objetos utilizados pelos povos antigos para sobreviver nas cidades.

Isto é Roma, de Miroslav Sasek. São Paulo: Cosac Naify, 2011.

Você conhecerá ruas, prédios, modos de viver e curiosidades da cidade, além de aprofundar seu conhecimento sobre a capital italiana de forma muito divertida.

D. João Carioca – A Corte Portuguesa chega ao Brasil (1808-1821), de Lilia Moritz Schwarcz e Spacca. São Paulo: Companhia das Letras, 2007.

Nessa divertida história em quadrinhos você descobrirá como D. João saiu de Portugal e fixou residência no Rio de Janeiro, trazendo toda a Corte portuguesa e promovendo grandes mudanças na cidade carioca.

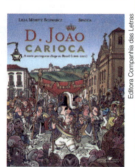

▶ Para assistir

Território do brincar, direção de David Reeks e Renata Meirelles, 2015.

O filme apresenta crianças de diversas cidades brasileiras. Cada criança tem uma forma de se divertir relacionada ao ambiente em que vive, influenciando suas brincadeiras, que vão desde barquinhos no rio até carrinho de rolimã nas ruas.

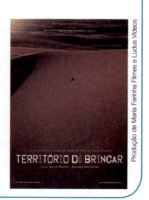

UNIDADE 7
Informação, conhecimento e cultura

1. Circule as situações em que ocorre comunicação.

A importância da comunicação

Os seres humanos se comunicam de diferentes formas há muito tempo.

A fala, a escrita e os gestos, por exemplo, são meios de transmitir ideias, informações e sentimentos.

E por que se comunicar é importante?

Desde as primeiras comunidades humanas, a comunicação possibilitou a transmissão de conhecimento e cultura de uma geração a outra.

Essa transmissão também contribuiu para o fortalecimento da vida em grupo e para que os seres humanos se diferenciassem dos demais animais.

Observe as imagens.

Alunos e professora em sala de aula. São Paulo, São Paulo, 2015.

Alunos em escola. São Paulo, São Paulo, 2014.

Homem em hotel-fazenda. Socorro, São Paulo, 2015.

Pessoas em escola. Salvador, Bahia, 2017.

Comunicar e aprender

Por meio da comunicação, ensinamos e aprendemos, por exemplo, técnicas de agricultura, de pesca, descobertas das ciências ao longo do tempo, entre muitos outros conhecimentos importantes para a vida em sociedade.

Pesquisadores em laboratório.

1. Escreva nas linhas a seguir legendas para as imagens da página anterior que destaquem a importância da comunicação para a vida humana.

    a) Legenda da imagem 1

    _____

    b) Legenda da imagem 2

    _____

    c) Legenda da imagem 3

    _____

    d) Legenda da imagem 4

    _____

2. Agora, reúna-se com os colegas e converse com eles sobre as seguintes questões:

    a) Quais formas de comunicação vocês mais utilizam?

    b) Você aprende com mais facilidade por meio de qual forma de comunicação?

123

As primeiras formas de comunicação humana

Você já imaginou como as primeiras comunidades humanas caçadoras e coletoras se comunicavam? Vamos descobrir!

As formas de comunicação usadas por esses grupos eram a linguagem oral e os gestos.

Por meio delas, as comunidades caçadoras e coletoras foram capazes de transmitir descobertas e conhecimentos entre seus membros.

Quais foram esses conhecimentos? Observe a imagem.

A linguagem escrita

A linguagem se modifica de acordo com as outras mudanças que ocorrem no modo de vida de uma comunidade. No caso da linguagem escrita, seus primeiros registros remetem às primeiras comunidades agrícolas.

Você já sabe que a prática da agricultura contribuiu para o sedentarismo e para o surgimento do comércio e das cidades.

Essas mudanças implicaram, por exemplo, a necessidade de registrar quanto se plantou ou colheu e anotar informações referentes a novas técnicas agrícolas aprendidas durante o plantio.

Há mais de 6 mil anos, diversas comunidades em diferentes lugares criaram símbolos para registrar as informações. As primeiras formas de escrita foram descobertas por arqueólogos em territórios que atualmente correspondem a países como Iraque, Egito, Líbano, China e México.

Em todos eles, a escrita era constituída de símbolos desenhados em argila ou diretamente na pedra. Esse tipo de escrita recebeu o nome de pictografia.

Observe as imagens e leia as legendas.

Hieróglifos egípcios esculpidos em pedra há mais de 2 mil anos.

Tábua com escrita suméria elaborada em argila há mais de 3 mil anos.

Escrita pictográfica elaborada em argila há mais de 2 mil anos no Vale do Indo.

1. De acordo com as imagens, os símbolos das primeiras formas de escrita eram grafados em que tipos de material?

    ⬜ Argila.   ⬜ Metal.   ⬜ Madeira.   ⬜ Pedra.

2. Observe a imagem número 1. Identifique dois símbolos que você conheça e escreva o que ele poderia significar.

_____

_____

_____

125

A invenção da imprensa

Desde o desenvolvimento das primeiras formas de escrita até cerca de 500 anos atrás, poucas pessoas tinham acesso aos documentos escritos e à informação. Os textos e as leis, por exemplo, eram escritos à mão.

> **Tipografia:** técnica de compor e imprimir utilizando tipos, ou seja, placas de metal que recebem tinta e são carimbadas no papel.

A maioria da população não sabia ler ou escrever. Em algumas sociedades, a população tomava conhecimento das leis, decisões dos governos e outras informações importantes por meio de cartas e decretos que eram lidos por um funcionário do governo em praça pública.

Essa situação começou a mudar por volta de 1440, quando Johann Gutenberg inventou uma máquina de impressão **tipográfica** chamada de **imprensa**.

Essa máquina era capaz de produzir textos e livros utilizando tipos móveis e tinta. Além disso, reproduzia mais de 200 exemplares de um mesmo livro em pouco tempo.

Essa invenção possibilitou uma maior circulação de livros, aumentando assim o número de pessoas com acesso à informação e ao conhecimento.

A invenção da prensa com tipos móveis de Johann Gutenberg, 1933. Litografia colorida, 8 cm × 5,67 cm.

Os meios de comunicação

Atualmente as pessoas podem utilizar diversos aparelhos e material impresso para se comunicar. Esses recursos são chamados de meios de comunicação. Você sabe quais são eles?

Mulher usa *notebook*.

Homem lê jornal.

Mulher ao celular.

Mulher usa *tablet*.

Casal assiste à televisão.

Mulher ao telefone.

1. Marque um **X** nas imagens que retratam os meios de comunicação utilizados por você e sua família.

2. Escreva **V** nas frases verdadeiras e **F** nas falsas.

    ☐ Os meios de comunicação não ajudam na comunicação entre as pessoas.

    ☐ As pessoas podem usar diversos aparelhos para se comunicar.

    ☐ Os meios de comunicação são pouco utilizados.

    ☐ Os meios de comunicação são muito utilizados.

127

O rádio

Em 1922 aconteceu a primeira transmissão de rádio no Brasil. Como, naquela época, os aparelhos de rádio eram muito caros, poucas pessoas podiam comprá-los. Por isso, era comum muitas famílias e vizinhos se reunirem para ouvir notícias, músicas e novelas.

Ouvir rádio era uma forma de aproximar pessoas de vários lugares do mundo. Por exemplo, em 1939, quando começou a Segunda Guerra Mundial, diversas comunidades se reuniam em torno do rádio para ouvir notícias sobre a guerra e conversar a respeito do que poderiam fazer naquela situação.

Família ouve rádio, 1937.

O rádio ainda é um meio de comunicação usado por muitas pessoas.

Mulher ouve rádio no carro.

Jovem ouve música no celular.

1. Faça um **X** na alternativa correta.

☐ As pessoas nunca gostaram de ouvir rádio.

☐ No passado, as pessoas se reuniam para ouvir notícias, músicas e novelas no rádio.

☐ O rádio não é um meio de comunicação usado atualmente.

2. Você gosta de ouvir rádio? Em que situação? Comente com os colegas e o professor.

A televisão

A televisão é um dos meios de comunicação mais usados pelas pessoas no mundo.

Os primeiros aparelhos de televisão só mostravam imagens em preto e branco, e os programas eram todos transmitidos ao vivo.

Família vê televisão em 1953.

Família vê televisão em 2014.

1. Observe as imagens e responda às questões.

   a) O que é parecido nas duas imagens?

   _____

   _____

   b) Que diferenças você identifica entre as imagens?

   _____

   _____

O cinema

O cinema é uma expressão artística audiovisual. No Brasil, a maioria das salas de cinema está concentrada nas áreas urbanas dos municípios.

A sala de cinema é um espaço em que milhões de pessoas se divertem, emocionam-se, conhecem diversos lugares em diferentes tempos. Além disso, muitas pessoas aprendem com as histórias reais ou fictícias contadas por meio dos diferentes gêneros de filmes: animação, comédia, aventura, documentário, entre outros.

Pessoas aguardam início do filme em sala de cinema. Brasília, Distrito Federal, 2014.

Pessoas assistem a filme em cinema itinerante. Piranhas, Alagoas, 2015.

1. Você costuma ir ao cinema? A que tipo de filme prefere assistir?

_____

2. Cite o nome de um filme de que tenha gostado muito e ao qual você assistiu no cinema.

_____

3. Agora converse sobre esse filme com os colegas e o professor.

Leio e compreendo

A invenção do cinema

Vamos estudar um pouco mais de cinema?
Leia o texto abaixo.

O cinema é um sistema de reprodução de imagens em movimento, registradas em filme e projetadas sobre uma tela, dessa forma podemos perceber que o cinema teve origem no desenvolvimento de técnicas de fotografia.
[...]
No início os recursos tecnológicos eram **precários** e era impossível pensar em sincronizar imagem e som na projeção. Assim, os primeiros filmes conhecidos pelo público eram sem nenhum som, o chamado **cinema mudo**. Na verdade eram documentários, pois tinham a duração de no máximo dois minutos, todos baseados em cenas do cotidiano, como, por exemplo, a chegada do trem à estação, o almoço do bebê e cenas no mar. Charles Chaplin foi uma figura marcante no cinema mudo; além de atuar, Chaplin dirigiu, escreveu e produziu vários filmes [...].

O **cinema falado** surge a partir da invenção do americano Lee de Forest, que criou um aparelho que possibilitava a gravação magnética em película (1907), com reprodução simultânea de imagens e sons.

Cinema. *Smart Kids*. Disponível em: <www.smartkids.com.br/trabalho/cinema>. Acesso em: 2 maio 2018.

Cena do filme *O garoto* (1921), dirigido por Charles Chaplin.

Precário: frágil, pouco.

1. De acordo com o texto, como funciona o sistema de reprodução dos filmes no cinema?

_____

_____

2. Grife no texto o trecho que destaca que, no passado, o cinema era só imagem.

Conversando a distância: o telefone

Há mais de cem anos, as pessoas já utilizavam o telefone para conversar com quem estava distante.

Desde que foram inventados, os aparelhos de telefone mudaram muito. Você conhece alguns destes aparelhos?

C. 1870

C. 1900

C. 1930

C. 1960

C. 1990

C. 2000

1. Circule de **azul** o aparelho de telefone mais antigo e de **vermelho** o mais recente.

2. Reúna-se com mais dois colegas. Juntos, usem a criatividade e criem um novo modelo de telefone. Utilizem uma folha avulsa para desenhar o modelo que vocês inventaram.

3. Converse com os colegas sobre a importância do telefone na vida das pessoas atualmente.

Os celulares

Os primeiros aparelhos de telefone celular serviam apenas para falar com outras pessoas. Atualmente eles possibilitam acessar a internet, receber e enviar mensagens, fotografar, filmar, reproduzir vídeos, ver TV, ouvir música, entre outras funções.

Aparelho de telefone celular moderno.

A internet

A internet é uma rede que interliga computadores de diferentes regiões do mundo e possibilita acesso a diversas informações.

Atualmente muitas pessoas utilizam a internet para comunicação, pesquisa e localização.

Você costuma acessar a internet com a ajuda de seus familiares?

Alunos acessam internet pelo *laptop* com a professora.

1. Reúna-se com um de seus familiares e peça as informações a seguir sobre o uso do telefone celular.
   - Nome do familiar: _____
   - Utiliza o celular para:
     - ☐ somente falar;
     - ☐ enviar e receber mensagens;
     - ☐ fotografar e filmar;
     - ☐ acessar a internet;
     - ☐ outros recursos: _____

133

Giramundo

As linguagens da Arte

Há muito tempo, a Arte utiliza diversas linguagens para expressar ideias, memórias, sentimentos, visões de mundo e outros aspectos.

O teatro, a música, a dança, as artes visuais e plásticas são linguagens artísticas. Em quase todas elas, a fala, a escrita, os gestos e as expressões corporais são os meios utilizados para a comunicação.

Observe as imagens.

Apresentação de dança durante ritual indígena. São Félix do Xingu, Pará, 2016.

Cena do filme *O ano em que meus pais saíram de férias* (2006), dirigido por Cao Hamburger.

Cantora apresenta-se em *show* de música. São Paulo, São Paulo, 2017.

Mulher em apresentação circense. Paris, França, 2013.

Outra forma de expressão artística são as artes circenses. Esse tipo de arte você já conhece, não é mesmo?

Um dos povos que se dedicou à arte circense foi o cigano.

Parte dos ciganos mantinha como costume o nomadismo. A vida nômade de algumas famílias contribuiu para que elas se dedicassem à arte circense.

Organizados em famílias, há muito tempo os ciganos levaram o espetáculo circense para diferentes cidades da Europa e de outras partes do mundo, divertindo, entretendo e encantando as pessoas.

1. Escreva nos espaços as formas de comunicação de cada uma das linguagens artísticas representadas nas imagens. Utilize como referência as seguintes expressões: linguagem oral, linguagem corporal e linguagem audiovisual.

- Imagem 1: _____

- Imagem 2: _____

- Imagem 3: _____

- Imagem 4: _____

2. Quais linguagens artísticas representadas nas imagens estão mais presentes em seu cotidiano?

_____

_____

3. Há circo em sua cidade? Se sim, por quanto tempo ele permanece em atividade? Com a ajuda do professor, pesquise no *site* da prefeitura e descubra os requisitos que o circo precisa cumprir para permanecer na cidade.

_____

_____

_____

1. Assinale a alternativa correta.

   ☐ A primeira forma de comunicação das comunidades humanas caçadoras e coletoras foi a linguagem escrita.

   ☐ A linguagem oral e os gestos possibilitaram, aos primeiros grupos humanos, transmitir descobertas e conhecimentos para outros membros dos respectivos grupos.

2. Explique por que você assinalou determinada alternativa na atividade.

   _____
   _____
   _____
   _____

3. Reescreva e corrija a frase incorreta que você não assinalou na atividade 1.

   _____
   _____
   _____

4. Que possibilidades de comunicação os telefones celulares oferecem aos seres humanos?

   _____
   _____

5. Quais são as finalidades da internet?

   _____
   _____

6. Numere as imagens de acordo com a legenda.

> 1. Linguagem escrita
> 2. Linguagem oral

Violeiros se preparam para apresentação.

Hieróglifos esculpidos há mais de 2 mil anos.

Máquina de imprensa de Johann Gutenberg.

Pessoas reunidas em família.

7. Em uma folha avulsa, escreva um texto para explicar por que a linguagem escrita é importante nas sociedades que valorizam essa forma de comunicação. Utilize em seu texto pelo menos três palavras do quadro a seguir.

registros	informação	pedra	imprensa
digital	revistas	símbolos	argila
jornais	desenhos	comunicação	

137

Periscópio

📖 Para ler

O livro da escrita, de Ruth Rocha e Otávio Roth. São Paulo: Melhoramentos, 1996.

Nesse livro você conhecerá um pouco da história da escrita, desde as primeiras formas de registro escrito até os dias atuais. Além disso, ele mostra a importância da escrita e reflete sobre como seria o mundo sem ela.

Um olhar mágico – A história do cinema para crianças, de Thalitha Chiara. São Paulo: Chiado, 2015.

O livro conta aspectos interessantes da história do cinema, desde sua origem até os dias de hoje. Você descobrirá várias informações relacionadas aos avanços tecnológicos, aos efeitos especiais, entre outras.

▶ Para assistir

A invenção de Hugo Cabret, direção de Martin Scorsese, 2011.

Hugo Cabret é um garoto órfão que vive escondido em uma estação de trem de Paris, onde guarda um robô quebrado deixado por seu pai. Para consertar o robô, Hugo usa peças de uma loja de consertos localizada na estação. Narrada por meio de textos e imagens, a história mistura elementos dos quadrinhos e do cinema.

Fábricas e indústrias

A imagem a seguir mostra um setor da economia que produz uma série de objetos utilizados em nosso cotidiano.

1. Qual é a caixa em que estão os produtos ligados ao setor econômico que dá nome à unidade?

_____

139

A indústria em seu cotidiano

A indústria é uma atividade econômica presente no cotidiano de milhões de pessoas atualmente.

Você já imaginou quantos produtos industrializados fazem parte de sua vida?

Os bens de consumo produzidos pelas indústrias podem ser encontrados em áreas de lazer, escolas, lojas, mercados, moradias e em diversos outros lugares.

> **Bens de consumo** são produtos utilizados por pessoas ou famílias, por exemplo, telefone, computador, televisão, automóvel etc.

Observe as imagens:

Material escolar.

Cama.

Bicicleta.

1. Circule abaixo os bens de consumo produzidos pela indústria que você e seus familiares costumam utilizar no dia a dia.

fogão	liquidificador	celular	automóvel	aspirador de pó
tablet	chuveiro	lustre	motocicleta	talheres	panelas

140

O que é indústria?

A produção industrial foi uma das atividades cujo desenvolvimento se iniciou na década de 1750.

Ela foi tão impactante que alterou a forma de produção, as relações de trabalho e o cotidiano de milhões de pessoas.

Esse processo de transformação acontece ainda hoje e continua modificando a maneira de pensar, consumir e viver de milhões de pessoas em diversas regiões do mundo.

Observe as imagens e leia as legendas:

Criação de gado bovino.
São Sebastião da Amoreira, Paraná, 2017.

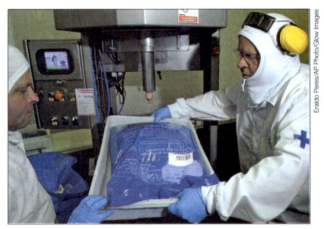

Trabalhadores em um frigorífico.
Lapa, Paraná, 2017.

Plantação de algodão.
Campo Grande, Mato Grosso, 2014.

Tecelagem.
Nova Friburgo, Rio de Janeiro, 2016.

1. Reúna-se com um colega e conversem sobre o que as imagens retratam e o que se faz na indústria. Registre as conclusões no caderno.

141

Transformar a matéria-prima

Mas, afinal, o que é indústria? O que se faz na atividade industrial?

Ao observar as imagens da página anterior, é possível afirmar que na atividade industrial ocorre a transformação da matéria-prima em bens de consumo.

Essa transformação acontece por meio do trabalho humano e do uso de ferramentas e máquinas.

Toda transformação que a atividade industrial realiza se desenvolve nas fábricas.

1. Reúna-se com um colega e, com a ajuda do professor, pesquisem no dicionário o significado dos termos a seguir.

   a) Matéria-prima: _____

   b) Bens de consumo duráveis: _____
   _____

   c) Bens de consumo não duráveis: _____
   _____

2. Relacione a matéria-prima ao bem de consumo em que ela se transforma por meio da atividade industrial.

Laranja.

Bambuzal.

142

Para saber mais

Matéria-prima extraída da natureza

Muitas matérias-primas são obtidas da agricultura e da pecuária. Há outras que são extraídas diretamente da natureza.

O látex é um exemplo. Extraído da seringueira, ele é transformado em borracha, que pode ser usada para fabricar produtos como pneus, luvas cirúrgicas, utensílios de cozinha etc.

Na Amazônia, por exemplo, a maior parte da produção de borracha ainda é extrativa, envolvendo o trabalho de milhares de pessoas.

Observe as imagens:

Luvas cirúrgicas.

Bicos de mamadeira.

Balões.

Homem extrai látex de seringueira. Belterra, Pará, 2017.

Mulher trabalha em fábrica de luvas. Selangor, Malásia, 2015.

1. Faça uma pesquisa e descubra quais produtos abaixo utilizam látex. Depois, circule esses produtos com o lápis de sua cor preferida.

papel   borracha escolar   garrafa PET   pneu

anel   relógio   sandália de borracha

143

A produção de bens antes da industrialização

Como eram feitos os tecidos, os utensílios domésticos e os calçados antes da industrialização?

Há cerca de 300 anos, esses itens eram feitos de forma artesanal.

As pessoas costumavam produzir os bens em casa ou em pequenas oficinas utilizando ferramentas e máquinas construídas por elas mesmas.

Observe as imagens:

Gravura mostra alfaiates em oficina do século XVII.

Gravura de Friedrich Johann Bertuch, criada em 1807, que representa habitantes de uma casa produzindo queijo.

1. Quais elementos de cada uma das imagens comprovam as afirmações do texto?

- Imagem 1: _____

  _____

- Imagem 2: _____

  _____

2. Você conhece as profissões retratadas nas imagens? Qual?

_____

_____

3. Forme um grupo com alguns colegas e, com a ajuda do professor, pesquisem os diferentes tipos de artesanato produzidos no Brasil. Escolham um deles e descrevam como e onde ele é feito. Registrem o resultado da pesquisa no espaço a seguir.

_____

_____

_____

_____

4. Com a orientação do professor, pesquise quais produtos industriais consumidos atualmente já existiam há mais de 300 anos e eram feitos de forma artesanal. Registre o nome de três desses produtos.

_____

_____

_____

_____

Entre o artesanato e a indústria

Há povos que fazem objetos artesanalmente e também utilizam produtos industrializados. É o caso dos povos indígenas.

Diversos povos indígenas no Brasil produzem objetos de uso diário de forma artesanal, de acordo com suas tradições.

Os povos do Alto Xingu, por exemplo, os kayabis, os yudjás e os kalapalos, confeccionam panelas e potes de cerâmica para armazenar água. Fazem ainda as redes onde dormem e cestos de palha, entre outros utensílios.

Em várias aldeias, parte desse artesanato é vendido. Com o dinheiro, os indígenas adquirem alimentos que não produzem nas próprias aldeias, roupas e outros objetos industrializados, como televisão, celular e computador.

Mulher indígena do povo kadiwéu produz cerâmica. Porto Murtinho, Mato Grosso do Sul, 2015.

Homem indígena do povo kalapalo usa *notebook*. Parque Indígena do Xingu, Mato Grosso, 2011.

1. Qual é a relação entre os povos indígenas e a industrialização?

2. Explique a importância da cerâmica para os povos indígenas do Alto Xingu.

3. Com a orientação do professor, reflita sobre o título do texto da página anterior e relacione-o ao cotidiano dos povos do Alto Xingu.

4. O artesanato também é feito em diversas comunidades quilombolas brasileiras. Forme um grupo com alguns colegas e, com a ajuda do professor, façam uma pesquisa sobre a produção artesanal em comunidades quilombolas do Brasil. Descubram qual é a finalidade da produção e registrem suas descobertas.

147

As primeiras indústrias

As primeiras indústrias surgiram na Inglaterra por volta de 1750 e provocaram diversas mudanças no modo de vida das pessoas. Esse momento da história ficou conhecido como Revolução Industrial.

Com a produção industrial, muitas atividades artesanais foram superadas, provocando alterações nos processos, nos modos de produzir e nas relações entre os donos das fábricas e os trabalhadores.

A palavra **revolução** tem diversas interpretações. No caso da industrialização, o termo é utilizado porque as fábricas, a invenção das máquinas e a produção rápida e em grande quantidade de bens de consumo transformaram totalmente a maneira de viver das pessoas.

1. Preencha os quadrinhos das imagens de acordo com a legenda.

1. Mudanças na paisagem com a industrialização.
2. Mudanças no modo de produção dos bens de consumo.
3. Mudança nas relações de trabalho.

Gravura de James Nasmyth, criada em 1842, que retrata processamento de metal.

Gravura retrata fundição de cobre na Inglaterra no século XIX.

Gravura de Thomas Allom, criada em 1834, que retrata uma oficina de tecelagem.

As transformações nas cidades

A construção das fábricas mudou a paisagem das cidades. Uma dessas mudanças foi o surgimento de diversas fábricas espalhadas pela cidade com suas chaminés que soltavam fumaça diretamente na atmosfera. Essa fumaça era produzida pelo carvão que queimava nas máquinas.

Outra mudança ocorreu na produção de bens artesanais, que foi reduzida, e muitas famílias abandonaram suas oficinas para trabalhar nas indústrias.

As primeiras fábricas ficavam nas cidades, que passaram a atrair trabalhadores em busca de emprego. Milhões de pessoas se mudavam do campo para a zona urbana.

Não havia emprego para todos nas fábricas, por isso os trabalhadores aceitavam receber baixos salários. Em decorrência disso, houve aumento da desigualdade entre as pessoas nas cidades.

Comboio cruza viaduto sobre estrada de ferro. Litografia de autoria desconhecida, criada aproximadamente em 1845.

Essa enorme quantidade de pessoas em um mesmo lugar, a ampliação do número de fábricas e a circulação de novos produtos resultaram no desenvolvimento de um novo modo de vida.

Era uma vida acelerada, atrelada ao ritmo das fábricas, típica dos espaços urbanos. Esse movimento contribuiu para mudar a maneira de viver e pensar das pessoas daquela época.

1. Por que o início da industrialização é chamado de Revolução Industrial? Converse com os colegas e o professor.

2. Qual foi o impacto da Revolução Industrial na vida das pessoas daquele período?

_____

_____

_____

149

Os operários

Você conhece a palavra **operário**? Os operários são os trabalhadores das indústrias.

Ao longo da Revolução Industrial, o operário não detinha o controle dos produtos que produzia nem das ferramentas que usava durante a produção.

O que esse processo significa?

Significa que, antes das indústrias, os artesãos produziam, por exemplo, um par de sapatos do início ao fim. Eles desenhavam o modelo, cortavam e modelavam o couro etc.

Com a Revolução Industrial, as etapas de produção foram divididas e cada operário, ou grupo de operários, realizava apenas uma única etapa.

Muitos se responsabilizavam pelo corte do couro, outros pela modelagem e outros pelas demais etapas.

Gravura retrata uma fábrica do século XIX.

Atualmente, grande parte da produção industrial continua dividida em etapas, embora as tecnologias utilizadas tenham se modificado bastante.

Observe as imagens que retratam algumas etapas de uma indústria automobilística responsável pela fabricação de caminhões.

Trabalhadores em etapa de fabricação de peças de caminhão. Resende, Rio de Janeiro, 2012.

Trabalhadores em etapa de montagem de caminhão. Resende, Rio de Janeiro, 2012.

1. O que mudou na vida dos trabalhadores com o início da industrialização?

_____

_____

_____

2. Converse com as pessoas que moram com você a respeito das perguntas abaixo. Se elas não souberem alguma resposta, peça que o auxiliem a pesquisar em revistas, jornais ou internet. Registre suas descobertas no caderno.

   a) Existem indústrias em nossa cidade?
   b) O que essas indústrias fabricam?
   c) Alguém de nossa família trabalha na indústria?
   d) Se sim, qual é o trabalho dessa pessoa?
   e) Quais são as condições de trabalho nessa indústria?

O dia a dia nas fábricas

Nos primeiros anos da industrialização, as condições de trabalho dos operários nas fábricas eram inadequadas.

Eles trabalhavam até 16 horas por dia, geralmente em pé e por salários baixos. Mulheres e crianças também trabalhavam e recebiam remunerações ainda menores que as dos homens.

Não havia período de descanso nem férias. Todos recebiam pelo tempo que ficavam nas fábricas.

Não havia equipamentos de segurança, e os operários que se acidentavam não recebiam assistência médica.

Nas fábricas havia pouca iluminação e ventilação, o que contribuía para que muitos operários contraíssem diversas doenças, entre elas, pneumonia e tuberculose.

Quando ficavam doentes, eles eram dispensados e substituídos por outros trabalhadores.

Gravura retrata operários em fábrica de fundição de aço. Pensilvânia, Estados Unidos, 1875.

Gravura retrata operárias em fábrica de costura. Londres, Inglaterra, 1854.

152

1. Assinale a alternativa que **não** corresponde às condições de trabalho dos operários no início da Revolução Industrial.

- [ ] Mulheres e crianças eram obrigadas a trabalhar por remuneração inferior.

- [ ] Não havia período de descanso nem férias.

- [ ] Havia pouca iluminação e ventilação, e muitos operários adoeciam nas fábricas.

- [ ] Nos primeiros anos da industrialização, as condições de trabalho dos operários nas fábricas eram adequadas.

2. No espaço a seguir, escreva um texto que relacione as imagens à quantidade de horas de trabalho dos operários durante a Revolução Industrial.

Giramundo

Retratos do trabalho infantil

As pinturas, gravuras e fotografias são importantes fontes históricas. Além disso, elas também são manifestações artísticas.

Em diferentes tempos e situações, muitas pinturas, gravuras e fotografias retratam vários problemas sociais. Elas denunciam a desigualdade social, a exploração do trabalho infantil, os problemas relacionados à fome, entre outras condições.

Observe nas imagens como essas expressões artísticas retrataram o trabalho infantil durante um longo período de tempo nas indústrias:

Joan Planella y Rodríguez. *A tecelã*, 1882. Óleo sobre tela, 1,82 m × 1,42 m.

Gravura retrata crianças carregando argila, 1871.

Crianças trabalham em fábrica. Geórgia, Estados Unidos, 1909.

Crianças dobram caixa em fábrica de chocolate. Yorkshire, Inglaterra, 1940.

1. Escreva uma legenda para cada imagem de acordo com o que mais chama sua atenção quanto à utilização do trabalho infantil na indústria.

2. Com a ajuda do professor, você e os colegas devem procurar em revistas ou jornais duas fotografias que retratem problemas sociais. Escolham uma delas, escrevam qual problema social ela mostra e destaquem os elementos que revelam esse problema.

_____

_____

_____

_____

_____

3. Agora desenhe no espaço abaixo o problema social retratado na outra fotografia escolhida. Depois converse com os colegas sobre esse problema.

Retomada

1. Qual é a importância do látex para a indústria?

_____

_____

2. Marque um **X** nas frases corretas.

☐ Nos primeiros anos da industrialização, as condições de trabalho dos operários nas fábricas eram inadequadas.

☐ A construção das fábricas mudou a paisagem das cidades.

☐ A indústria é uma atividade econômica presente no cotidiano de milhões de pessoas atualmente.

☐ Bens de consumo são produtos utilizados por pessoas ou famílias, por exemplo, telefone, computador, televisão, automóvel etc.

☐ Na atividade industrial não ocorre a transformação da matéria-prima em bens de consumo.

☐ Muitas matérias-primas são obtidas da agricultura e da pecuária.

3. Explique a importância das pinturas e das fotografias para compreender a existência do trabalho infantil nos primeiros anos da industrialização.

_____

_____

_____

_____

156

4. Quais mudanças ocorreram na vida das pessoas com o início da industrialização?

_____

_____

_____

_____

5. Quais são os bens de consumo essenciais para sua vida produzidos nas indústrias?

_____

_____

_____

_____

6. Circule de **vermelho** as palavras que se referem à matéria-prima e de **azul** as que se referem a produtos industrializados.

salsicha

cadeira

ovos

televisão

geladeira

presunto

madeira

carne

queijo

palha

sapato

pneu

manteiga

látex

blusa

couro

Periscópio

📖 Para ler

Trabalho de criança não é brincadeira, não!, de Rossana Ramos. São Paulo: Cortez, 2006.
O livro trata de um problema ainda presente no Brasil, o trabalho infantil. Embora o trabalho infantil seja o tema central, a obra estimula também a cooperação e o cuidado com nossos familiares e amigos.

Trabalhos manuais – 60 ideias para você criar com as mãos. São Paulo: Girassol, 2004.
Esse livro vai ajudá-lo a confeccionar diversos produtos artesanais. São vários objetos que você pode criar, desenvolvendo suas habilidades manuais de forma simples e criativa.

👆 Para acessar

Museu de Artes e Ofícios: nesse interessante passeio virtual, você conhecerá a história do trabalho no Brasil antes de existirem as primeiras indústrias.
Disponível em: <http://eravirtual.org/mao_br_1>. Acesso em: 2 maio 2018.

Referências

ALMEIDA, Rosangela Doin. *Do desenho ao mapa*: iniciação cartográfica na escola. 2. ed. São Paulo: Contexto, 2003. (Caminhos da Geografia).

ANTUNES, Celso. *Novas maneiras de ensinar, novas formas de aprender*. Porto Alegre: Artmed, 2002.

ARIÈS, Philippe. *A história social da criança e da família*. Rio de Janeiro: LTC, 1981.

BECKER, Fernando. *Educação e construção do conhecimento*. Porto Alegre: Artmed, 2001.

BITTENCOURT, Circe Maria Fernandes. *Ensino de História*: fundamentos e métodos. São Paulo: Cortez, 2005.

_____ (Org.). *O saber histórico na sala de aula*. São Paulo: Contexto, 2006.

BRASIL. Congresso Nacional. Câmara dos Deputados. *Estatuto da criança e do adolescente*. 15. ed. Brasília: Edições Câmara, 2015 [1990].

_____. Ministério da Educação. Secretaria de Educação Básica. Diretoria de Currículos e Educação Integral. *Diretrizes Curriculares Nacionais Gerais da Educação Básica*. Brasília, 2013.

_____. Ministério da Educação. *Base Nacional Comum Curricular*. 3. versão. Brasília, 2017.

BUENO, Eduardo. *Brasil, uma história*: a incrível saga de um país. 2. ed. São Paulo: Ática, 2003.

CARR, Edward Hallet. *Que é história?* Rio de Janeiro: Paz e Terra, 1978.

COLL, César; MARTÍN, Elena. *Aprender conteúdos e desenvolver capacidades*. Porto Alegre: Artmed, 2003.

DE ROSSI, Vera Lúcia Salles; ZAMBONI, Ernesta (Org.). *Quanto tempo o tempo tem*. Campinas: Alínea, 2003.

DIMENSTEIN, Gilberto. *O cidadão de papel*. 20. ed. São Paulo: Ática, 2003.

FAUSTO, Boris. *História do Brasil*. 9. ed. São Paulo: Edusp, 2001.

HERNANDEZ, Leila Maria Gonçalves Leite. *A África na sala de aula*: visita à história contemporânea. São Paulo: Selo Negro, 2005.

HOLANDA, Sérgio Buarque de. *Raízes do Brasil*. 16. ed. Rio de Janeiro: José Olympio, 1983.

IMBERNÓN, Francisco (Org.). *A educação no século XXI*: os desafios do futuro imediato. Porto Alegre: Artmed, 2000.

LE GOFF, Jacques. *A história nova*. 4. ed. São Paulo: Martins Fontes, 2001.

LOURENÇO, Conceição. *Racismo*: a verdade dói. Encare. São Paulo: Terceiro Nome; Mostarda Editora, 2006.

MACEDO, José Rivair. *História da África*. São Paulo: Contexto, 2015.

MATTOS, Regiane Augusto de. *História e cultura afro-brasileira*. 2. ed. São Paulo: Contexto, 2016.

MESGRAVIS, Laima; PINSKY, Carla Bassanezi. *O Brasil que os europeus encontraram*: a natureza, os índios, os homens brancos. 2. ed. São Paulo: Contexto, 2016.

MIRANDA, Lilian Lisboa. *Qual a história da História?* São Paulo: Cortez, 2010.

MONTENEGRO, Antônio Torres. *História oral e memória*: a cultura popular revisitada. 6. ed. São Paulo: Contexto, 2013.

MORIN, Edgar. *A cabeça bem-feita*: repensar a reforma, reformar o pensamento. Rio de Janeiro: Bertrand Brasil, 2000.

_____. *Os sete saberes necessários à educação do futuro*. São Paulo: Cortez; Brasília: Unesco, 2000.

MOYLES, Janet R. et al. *A excelência do brincar*. Porto Alegre: Artmed, 2005.

NOVAIS, Fernando A.; ALENCASTRO, Luiz Felipe (Org.). *História da vida privada no Brasil*: Império. São Paulo: Companhia das Letras, 1997.

_____; SCHWARCZ, Lilia Moritz (Org.). *História da vida privada no Brasil*: contrastes da intimidade contemporânea. São Paulo: Companhia das Letras, 1997.

_____; SEVCENKO, Nicolau (Org.). *História da vida privada no Brasil*: República, da *Belle Époque* à Era do Rádio. São Paulo: Companhia das Letras, 1997.

_____; SOUZA, Laura de Mello (Org.). *História da vida privada no Brasil*: cotidiano e vida privada na América portuguesa. São Paulo: Companhia das Letras, 1997.

PERRENOUD, Philippe. *Dez novas competências para ensinar*. Porto Alegre: Artmed, 2000.

PERRENOUD, Philippe. GATHER THURLER, Monica. *As competências para ensinar no século XXI*: a formação dos professores e o desafio da avaliação. 10. ed. Rio de Janeiro: Forense Universitária, 2005.

PIAGET, Jean. *A formação do símbolo na criança*: imitação, jogo, sonho, imagem e representação. Rio de Janeiro: Jorge Zahar, 1971.

PINSKY, Carla Bassanezi; DE LUCA, Tania Regina (Org.). *O historiador e suas fontes*. São Paulo: Contexto, 2015.

PINSKY, Jaime (Org.). *100 textos de história antiga*. 10. ed. São Paulo: Contexto, 2017.

_____. *As primeiras civilizações*. 25. ed. São Paulo: Contexto, 2016.

_____. *Modos de produção na antiguidade*. São Paulo: Global, 1982.

PRIORE, Mary Del (Org.). *História das crianças no Brasil*. 4. ed. São Paulo: Contexto, 2004.

_____ (Org.). *História das mulheres no Brasil*. 7. ed. São Paulo: Contexto: Unesp, 2004.

SCHAFF, Adam. *História e verdade*. São Paulo: Martins Fontes, 1978.

SCHMIDT, Maria Auxiliadora; CAINELLI, Marlene. *Ensinar História*. São Paulo: Scipione, 2009.

SODRÉ, Nelson Werneck. *Formação histórica do Brasil*. 14. ed. Rio de Janeiro: Graphia, 2002.

STEAMS, Peter N. *A infância*. São Paulo: Contexto, 2006.

SUYÁ, Thiayu. *Geografia indígena*: Parque Indígena do Xingu. São Paulo: Instituto Socioambiental; Brasília: MEC; CEF; DPEF, 1988.

URBAN, Ana Claudia; LUPODNI, Teresa Jussara. *Aprender e ensinar História nos anos iniciais do Ensino Fundamental*. São Paulo: Cortez, 2015.

VIGOTSKY, Lev Semenovich. *A formação social da mente*: o desenvolvimento dos processos psicológicos superiores. 6. ed. São Paulo: Martins Fontes, 1998.

ZABALA, Antoni. *Como trabalhar os conteúdos procedimentais em aula*. 2. ed. Porto Alegre: Artmed, 1999.